LAVAGEM DE DINHEIRO E CRIPTOMOEDAS

Uma análise da causa de aumento de pena referente à utilização de criptoativos à luz da Constituição Federal e dos novos desafios à intervenção penal

VICTOR CHEBLI DE CASTRO

Prefácio
Ademar Borges

LAVAGEM DE DINHEIRO E CRIPTOMOEDAS

Uma análise da causa de aumento de pena referente à utilização de criptoativos à luz da Constituição Federal e dos novos desafios à intervenção penal

Belo Horizonte

2024

© 2024 Editora Fórum Ltda.

É proibida a reprodução total ou parcial desta obra, por qualquer meio eletrônico, inclusive por processos xerográficos, sem autorização expressa do Editor.

Conselho Editorial

Adilson Abreu Dallari
Alécia Paolucci Nogueira Bicalho
Alexandre Coutinho Pagliarini
André Ramos Tavares
Carlos Ayres Britto
Carlos Mário da Silva Velloso
Cármen Lúcia Antunes Rocha
Cesar Augusto Guimarães Pereira
Clovis Beznos
Cristiana Fortini
Dinorá Adelaide Musetti Grotti
Diogo de Figueiredo Moreira Neto (*in memoriam*)
Egon Bockmann Moreira
Emerson Gabardo
Fabrício Motta
Fernando Rossi
Flávio Henrique Unes Pereira

Floriano de Azevedo Marques Neto
Gustavo Justino de Oliveira
Inês Virgínia Prado Soares
Jorge Ulisses Jacoby Fernandes
Juarez Freitas
Luciano Ferraz
Lúcio Delfino
Marcia Carla Pereira Ribeiro
Márcio Cammarosano
Marcos Ehrhardt Jr.
Maria Sylvia Zanella Di Pietro
Ney José de Freitas
Oswaldo Othon de Pontes Saraiva Filho
Paulo Modesto
Romeu Felipe Bacellar Filho
Sérgio Guerra
Walber de Moura Agra

FÓRUM
CONHECIMENTO JURÍDICO

Luís Cláudio Rodrigues Ferreira
Presidente e Editor

Coordenação editorial: Leonardo Eustáquio Siqueira Araújo / Aline Sobreira de Oliveira
Revisão: Nathalia Campos
Capa e projeto gráfico: Walter Santos
Diagramação: Formato Editoração

Rua Paulo Ribeiro Bastos, 211 – Jardim Atlântico – CEP 31710-430
Belo Horizonte – Minas Gerais – Tel.: (31) 99412.0131
www.editoraforum.com.br – editoraforum@editoraforum.com.br

Técnica. Empenho. Zelo. Esses foram alguns dos cuidados aplicados na edição desta obra. No entanto, podem ocorrer erros de impressão, digitação ou mesmo restar alguma dúvida conceitual. Caso se constate algo assim, solicitamos a gentileza de nos comunicar através do *e-mail* editorial@editoraforum.com.br para que possamos esclarecer, no que couber. A sua contribuição é muito importante para mantermos a excelência editorial. A Editora Fórum agradece a sua contribuição.

Dados Internacionais de Catalogação na Publicação (CIP) de acordo com ISBD

C355l   Castro, Victor Chebli de
           Lavagem de dinheiro e criptomoedas: uma análise da causa de aumento de pena referente à utilização de criptoativos à luz da Constituição Federal e dos novos desafios à intervenção penal / Victor Chebli de Castro. Belo Horizonte: Fórum, 2024.
           194p. 14,5x21,5cm

           ISBN impresso 978-65-5518-812-7
           ISBN digital 978-65-5518-815-8

           1. Lavagem de dinheiro. 2. Bitcoin. 3. Causa de aumento de pena. 4. Regulamentação. 5. Proporcionalidade. I. Título.

                                                                     CDD: 344.032
                                                                       CDU: 343.271

Ficha catalográfica elaborada por Lissandra Ruas Lima – CRB/6 – 2851

Informação bibliográfica deste livro, conforme a NBR 6023:2018 da Associação Brasileira de Normas Técnicas (ABNT):

CASTRO, Victor Chebli de. *Lavagem de dinheiro e criptomoedas*: uma análise da causa de aumento de pena referente à utilização de criptoativos à luz da Constituição Federal e dos novos desafios à intervenção penal. Belo Horizonte: Fórum, 2024. 194p. ISBN 978-65-5518-812-7.

AGRADECIMENTOS

    A concretização desta obra só foi possível com o apoio de muitas pessoas que se fizeram presentes nessa caminhada. Por essa razão, gostaria de agradecer imensamente aos meus pais, Antônio Carlos e Beatriz, por serem meus maiores incentivadores, o alicerce de tudo em minha vida, bem como por nunca terem medido esforços para ver a minha felicidade e possibilitar a realização dos meus sonhos. À Mariana, por todo o amor, apoio e companheirismo. Ao meu querido avô Fued, eterna inspiração, meu anjo da guarda. Aos meus grandes amigos Dimas Fagundes e Victor Garcia, que, para além da convivência diária, compartilham comigo os projetos mais importantes da minha vida, sejam eles no âmbito profissional, sejam eles no pessoal. Aliás, mais do que grandes amigos, são meus verdadeiros irmãos. Ao Dr. Fernando Fagundes, por todo o suporte, por todas as orientações e pelo carinho de sempre, nossa grande referência. Ao meu Sensei Paulo Nahas, agradeço por todos os valiosos ensinamentos. Ao meu grande amigo Marcos Vinícius Jardim, agradeço por toda lealdade e colaboração ao longo da jornada. Agradeço também a todos os meus familiares, amigos e colegas de escritório, que foram fundamentais.

    Quero deixar um agradecimento especial ao meu orientador, Prof. Dr. Ademar Borges, que, além de ser referência para mim, empreendeu comigo todo cuidado, atenção e dedicação para que fosse possível concluir esta obra. Agradeço também aos demais professores da banca de mestrado pelas importantes considerações tecidas, todas elas de extrema relevância para a abordagem do tema.

    Aos colegas de mestrado, que se tornaram grandes amigos; a todos os professores do Programa de Pós-Graduação em Direito Constitucional do Instituto Brasileiro de Ensino, Desenvolvimento e Pesquisa de Brasília (IDP-BSB) e à sua equipe, pelo brilhante trabalho.

    Dedico esta obra à minha querida avó Lurdinha, meu maior exemplo, meu grande amor!

SUMÁRIO

PREFÁCIO
Ademar Borges 9
INTRODUÇÃO 13

CAPÍTULO 1
BITCOIN A NOVA ERA DA ECONOMIA MODERNA 21
1.1 A evolução histórica das criptomoedas 23
1.2 O papel ocupado pelos Bitcoins no mundo moderno 29
1.3 Bitcoins e os seus atributos 35
1.4 Síntese do capítulo 40

CAPÍTULO 2
BITCOIN × LAVAGEM DE DINHEIRO 43
2.1 Lavagem de dinheiro 46
2.1.1 O bem jurídico tutelado e a importância de sua proteção 47
2.1.2 Uma análise geral sobre o tipo penal de lavagem 56
2.1.3 As fases do delito de lavagem 63
2.2 O uso dos Bitcoins como meio para a prática de lavagem 67
2.3 Síntese do capítulo 81

CAPÍTULO 3
A REGULAMENTAÇÃO DAS CRIPTOMOEDAS NO BRASIL E O DIREITO PENAL MODERNO 83
3.1 A evolução das tentativas de regulamentação das criptomoedas no Brasil 84
3.1.1 O Projeto de Lei nº 2.234/2021 e a Lei nº 14.478/2022 88
3.1.2 Uma breve análise crítica geral 92
3.1.3 Um apontamento específico sobre a Lei nº 14.478/2022: a regulamentação das transferências de ativos entre carteiras privadas 96
3.2 O Direito Penal moderno à luz da Constituição Federal 104
3.2.1 O contexto da sociedade de risco 106

3.2.2   O dever constitucional de tutela dos bens jurídicos 110

CAPÍTULO 4
A NECESSIDADE DE ATUAÇÃO DO PODER JUDICIÁRIO: UMA ANÁLISE DA ALTERAÇÃO DO ARTIGO 1º, §4º, DA LEI Nº 9.613/1998, À LUZ DA CONSTITUIÇÃO BRASILEIRA 117

4.1   A proporcionalidade como critério para a aferição da constitucionalidade das leis penais 117

4.1.1   O princípio da proporcionalidade e a sua dupla face 123

4.2   A restrição (des)proporcional aos direitos fundamentais desencadeada pela alteração do artigo 1º, §4º, da Lei nº 9.613/1998 128

4.3   Solução intermediária: a aplicação da interpretação conforme a constituição 148

4.4   Consideração crítica: proposta de solução prévia para situações semelhantes 160

CONCLUSÃO 171

REFERÊNCIAS 181

PREFÁCIO

O livro que agora se apresenta ao público é uma versão revisada da dissertação de mestrado de Victor Chebli de Castro, orientada por mim e aprovada, com louvor, por banca examinadora integrada pelos professores Vinícius Vasconcelos, do Instituto Brasileiro de Ensino, Desenvolvimento e Pesquisa de Brasília (IDP-BSB), e Marcelo Cavalli, da Fundação Getulio Vargas de São Paulo (FGV Direito SP). O trabalho intitulado *Lavagem de dinheiro e criptomoedas: uma análise da causa de aumento de pena referente à utilização de criptoativos à luz da Constituição Federal e dos novos desafios à intervenção penal* é um belo exemplo de como os novos desafios dogmáticos jurídico-penais podem ser bem abordados à luz de um referencial teórico do Direito Constitucional.

No capítulo inaugural, o livro destaca todas as formas de manifestação do sistema Bitcoin (BTC) na conjuntura social atual, abordando desde o recorte histórico do referido sistema até os dados impressionantes que caracterizam sua utilização atualmente. Neste primeiro capítulo, Victor Chebli nos oferece um panorama abrangente sobre o tema, destacando importantes conclusões parciais. Ele explica que os Bitcoins surgem como uma alternativa à centralização estatal e uma resposta aos abusos históricos do Estado. Além disso, o livro alerta para pesquisas que mostram que os Bitcoins apresentam números expressivos, destacando-se em transações, uso comparativo com outras criptomoedas e equiparação ao dólar americano. A chegada dos Bitcoins possibilitou a implementação da tecnologia Blockchain, que garante o registro e a imutabilidade das operações. As principais características dos Bitcoins incluem, ainda, a descentralização, a globalidade e o anonimato relativo, embora a anonimidade dos usuários não seja total devido às características da tecnologia Blockchain. Com base nessas características do sistema Bitcoin, o autor enfatiza a realidade desafiadora envolvida na tentativa de descobrir a identidade dos seus usuários e os detalhes das transações, o que gera apreensão justificada para as autoridades públicas encarregadas da persecução criminal no campo da lavagem de dinheiro.

No segundo capítulo, o livro aborda a prática dos crimes de lavagem de dinheiro, explorando desde os aspectos gerais do fenômeno criminológico até uma análise detalhada dos elementos essenciais para a caracterização do tipo penal. O autor também examina o bem jurídico protegido por essa tipificação e a justificativa para sua tutela. As etapas do delito de lavagem de capitais são investigadas, incluindo a introdução da temática dos Bitcoins nesse contexto. No último tópico, é analisada a possibilidade legal de os Bitcoins serem considerados objetos do crime de lavagem, fundamentando sua inclusão no contexto delitivo. O autor demonstra as especificidades envolvidas na utilização dos Bitcoins como objeto do delito de lavagem de dinheiro, discutindo como eles podem ser inseridos em cada fase da lavagem de capitais. Além disso, destaca que os Bitcoins são vistos como uma alternativa para criminosos se desvencilharem dos mecanismos de intervenção e investigação estatais. Depois de analisar os critérios de configuração típica do delito de lavagem de dinheiro, Victor Chebli enfatiza que os Bitcoins se enquadram como objeto material do crime de lavagem, e, na maioria dos casos, suas características dificultam a solução dos crimes praticados com sua utilização, incentivando atividades delitivas. Além disso, demonstra que os Bitcoins podem ser inseridos em várias fases do crime de lavagem devido às suas características inerentes, o que também opera como incentivo para a utilização do ativo como instrumento criminoso. Apesar disso – e esse dado assume especial relevância no trabalho –, pesquisas indicam um baixo envolvimento de Bitcoins em delitos de lavagem de dinheiro em comparação com os valores em moeda fiduciária maculados por métodos tradicionais.

No Capítulo 3 da obra, Victor Chebli aborda a regulamentação das criptomoedas no Brasil e sua relação com o Direito Penal moderno. Inicialmente, o capítulo discute a evolução das tentativas legislativas brasileiras de regulação das criptomoedas, iniciadas pelo Projeto de Lei nº 2.303/2015, que buscava incluir moedas virtuais sob a supervisão do Banco Central. Esse projeto evoluiu ao longo dos anos, enfrentando diversas propostas e alterações, culminando na Lei nº 14.478/2022, que legalizou a emissão e a circulação de criptoativos no país. A nova lei também introduziu novos tipos penais para combater fraudes e lavagem de dinheiro com criptoativos, incluindo uma disciplina de repressão aos crimes praticados no contexto das operações com criptomoedas. Destaca-se, nesse contexto, a criação de uma causa de aumento de pena para as atividades de lavagem de dinheiro realizadas por intermédio de ativos virtuais, com a alteração da redação do artigo 1º, §4º, da Lei nº 9.613/1998.

No último capítulo do livro, Victor Chebli discute a necessidade de atuação do Poder Judiciário para avaliar a constitucionalidade do artigo 1º, §4º, da Lei nº 9.613/1998, que inclui uma causa especial de aumento de pena, especialmente no contexto do uso de criptoativos como Bitcoin. O capítulo começa destacando o papel do princípio da proporcionalidade na verificação da constitucionalidade das leis penais e prossegue discutindo como a lavagem de capitais com criptoativos afeta significativamente a ordem econômica e a administração da Justiça, justificando a necessidade de medidas legislativas específicas para seu combate. A adequação da alteração legislativa é analisada sob a perspectiva de sua compatibilidade com a Constituição, utilizando o princípio da proporcionalidade para assegurar que as novas disposições legais não ultrapassem os limites constitucionais e garantam a proteção adequada dos direitos fundamentais. Ao realizar esse controle de constitucionalidade do dispositivo, o autor sugere duas conclusões alternativas para corrigir o déficit de racionalidade por ele apontado: a declaração de inconstitucionalidade da norma, por restrição desproporcional aos direitos fundamentais e uma solução intermediária, que seria conferir interpretação conforme a Constituição ao dispositivo mencionado, para que a majorante só seja aplicada caso o emprego dos ativos, na situação concreta examinada, tenha efetivamente dificultado a atuação das autoridades responsáveis pela persecução penal, afrontando o bem jurídico de maneira intensa ou expondo-o a um risco de lesão considerável. Embora bem fundamentada a posição favorável do autor à inconstitucionalidade da causa de aumento de pena (art. 1º, §4º, da Lei nº 9.613/1998) – formulada, inclusive, com base em preocupante deficiência formal do processo legislativo – parece mais promissora, à luz do atual quadro doutrinário e jurisprudencial brasileiro, a possibilidade de que a solução alternativa de conferir interpretação conforme a Constituição ao dispositivo mencionado possa, efetivamente, servir como baliza para a correta interpretação da norma. Essa última formulação, aliás, pode servir como inspiração para uma atualização mais ampla da tentativa de conferir interpretação constitucionalmente adequada às diversas modalidades de causas de aumento de pena existentes na legislação penal brasileira.

    Com este primeiro livro, Victor Chebli, tão jovem – graduado em 2021 pela Universidade Federal de Juiz de Fora –, já se notabiliza como um competente advogado em vários estados da Federação e ingressa com o "pé direito" também na vida acadêmica. A sua contribuição para um esforço mais amplo da academia brasileira de promover avanços na constitucionalização do Direito Penal é bastante relevante. O uso escrupuloso das categorias do devido processo normativo e do princípio da proporcionalidade para o controle de constitucionalidade de normas penais faz do seu trabalho um excelente exemplo de como os juristas podem se apropriar de categorias típicas do Direito Constitucional para conter a arbitrariedade e a irracionalidade da contínua expansão do Direito Penal.

Ademar Borges
Doutor em Direito Constitucional pela Universidade do Estado do Rio de Janeiro (UERJ). Professor do Programa de Pós-Graduação em Direito Constitucional do Instituto Brasileiro de Ensino, Desenvolvimento e Pesquisa de Brasília (IDP-BSB).

INTRODUÇÃO

Na mesma medida em que se acelera o processo de globalização por todo o mundo, aumenta o grau de sofisticação empregado na prática delitiva, mormente no que tange aos delitos classificados como "econômicos", destacando-se dentre eles, neste estudo, a lavagem de capitais.

Sobre o contexto de surgimento das novas tecnologias, "a emissão de moedas, com exclusividade, parecia ser o último bastião da soberania estatal não desafiado pelos avanços tecnológicos".[1] No entanto, o fenômeno das criptomoedas parece ter de fato rompido com essa barreira, proporcionando alternativas vantajosas para fugir do monopólio estatal, cada vez mais fragilizado pelas crises econômicas e, consequentemente, pelos baixos níveis de confiança atribuídos à própria instituição.

O que antes era mera expectativa no mundo globalizado, hoje se mostra como elemento inafastável da realidade. As criptomoedas são verdadeiros ativos virtuais descentralizados,[2] fabricados e operacionalizados com criptografia, sendo que o seu emprego no mercado financeiro assume um papel cada vez mais relevante,[3] seja pela sua

---

[1] Ghirardi, 2020, p. 17.

[2] Neste trabalho, as terminologias "criptomoedas", "criptoativos", "ativos criptomonetários" e "ativos virtuais" são empregadas como sinônimos, a fim de facilitar a compreensão das explicações pelo leitor. Não obstante, é oportuno destacar que, a partir da edição da Lei nº 14.478/2022 (Brasil, 2022a), que definiu ativos virtuais, em seu art. 3º, como sendo "a representação digital de valor que pode ser negociada ou transferida por meios eletrônicos e utilizada para realização de pagamentos ou com propósito de investimento", constata-se que a terminologia "ativos virtuais" compreende um conceito mais amplo, no qual as criptomoedas estão inquestionavelmente inseridas.

[3] A título de exemplo, um estudo da Universidade de Cambridge "divulgou que o número de usuários de criptomoedas cresceu cento e oitenta e nove por cento em dois anos, sendo este número ainda maior se considerarmos cinco anos. Atualmente existem cerca de cem milhões de usuários, enquanto em 2016 existiam apenas cinco milhões, sendo que o número

rapidez e segurança, seja pela ausência de terceiros intermediadores nas transações. Diante desse cenário, hoje muito se discute a respeito de serem as criptomoedas um efetivo facilitador para a empreitada delituosa, porque as inovações por elas trazidas permitem que se alcance uma independência quase total em relação às entidades reguladoras do Estado.[4]

E não apenas pelo aspecto da atualidade, o tema ganha ainda mais relevância por se estar defronte de alguns relevantes questionamentos: seriam os Bitcoins verdadeiros facilitadores para o cometimento do crime de lavagem de dinheiro? Essa modalidade de criptomoeda pode ser enquadrada como objeto material do crime de lavagem? Sob o aspecto empírico, seriam eles, de fato, empregados como instrumento para a prática do delito de lavagem de dinheiro?

Aqui, um adendo: a escolha pelo aludido delito foi feita considerando sua importância no cenário nacional e internacional, visto que acarreta lesão direta à ordem econômico-financeira. É que o Estado perde a confiança não apenas da própria população, mas também dos *players* internacionais, reduzindo drasticamente a sua capacidade de atrair investimentos. São criadas falsas e ilegítimas premissas de sustentação da economia nacional, de forma a retirar-lhe toda a sua credibilidade.

Outro fator determinante para a opção por esse delito como objeto de estudo desta obra se deu em razão da aproximação das características específicas do Bitcoin com as pretensões que possuem os lavadores de dinheiro, sendo certo que "o ambiente do Bitcoin é muito próximo ao arquétipo ideal da lavagem de dinheiro, no qual um dinheiro sujo é reinserido no mercado, sendo olvidado seu passado".[5]

Desse modo, em um primeiro plano, este estudo tem como objetivo investigar as criptomoedas, mais especificamente o Bitcoin, com o intuito de analisar as possibilidades de sua utilização enquanto instrumento para a prática do delito de lavagem de capitais, compreendido

---

de carteiras de criptoativos aumentou de quarenta e cinco milhões para cento e noventa e cinco milhões de carteiras registradas" (Ballardin, 2022, p. 5).

[4] Também a fim de exemplificar a utilização desses ativos para a prática de ilícitos, observa-se que, recentemente, o Hamas empregou criptomoedas para financiar ataques a Israel. Nesse cenário, "a agência de notícias alemã Deustche Welle publicou que, entre agosto de 2021 e junho de 2023, o Hamas teria recebido US$ 41 milhões em criptomoedas, citando dados da empresa de análise de criptomoedas BitOK, sediada em Tel Aviv. Entre as criptos transacionadas, estariam Bitcoin, a maior em valor de mercado, atualmente em US$ 28mil, tether, a maior 'cripto de dólar' e até Dogecoin (que é uma Memecoin, isto é, foi criada por diversão)" (Longo, 2023).

[5] Silveira, 2018, p. 114.

como o "ato ou a sequência de atos praticados para mascarar a natureza, origem, localização, disposição, movimentação ou propriedade de bens, valores e direitos de origem delitiva ou contravencional, com o escopo último de reinseri-los na economia formal com aparência de licitude".[6] Ainda no que diz respeito a esse ponto, busca-se analisar de que modo essa espécie de criptomoeda pode se inserir em cada uma das fases do delito de lavagem, bem como se a potencialidade lesiva dos Bitcoins, no contexto da lavagem, tem efetivamente se concretizado na prática criminosa.

Os capítulos 1 e 2 serão dedicados, portanto, a investigar as criptomoedas, abordando temas que vão desde a evolução histórica desses ativos até a leitura de dados estatísticos sobre o efetivo emprego dos ativos criptomonetários no delito de lavagem. Nesse caminho, almeja-se explanar o porquê da escolha dos Bitcoins como objeto de estudo desta obra,[7] bem como quais características marcantes a tornam mais relevantes, tanto para fins de estudo quanto, potencialmente, para fins de crime de lavagem de capitais. Além disso, mais especificamente no segundo capítulo, propõe-se a contextualizar historicamente o delito de lavagem de dinheiro para, em seguida, investigar minuciosamente os elementos subjetivos e objetivos do tipo penal, assim como as suas etapas e as discussões existentes acerca do bem jurídico por ele tutelado.

A partir daí, será possível analisar como essa modalidade de ativos virtuais pode se inserir em cada uma das fases do delito de lavagem, auxiliando a consumação delitiva, assim como examinar, através de dados empíricos, se as considerações especulativas sobre os Bitcoins e a atividade criminosa têm de fato sido verificadas na prática.

Adiante, serão empreendidos esforços destinados à investigação acerca da atuação do Poder Legislativo brasileiro no que toca à regulamentação dos ativos virtuais na seara penal. É que, com o crescimento acelerado das criptomoedas e com a sua disseminação ao redor de todo o mundo, percebe-se que a regulamentação das criptomoedas configura ponto chave para pautar o comportamento da sociedade, sendo certo

---

[6] Badaró; Bottini, 2019, p. 25.
[7] Nesse ponto, não obstante sejam indicadas, já no primeiro capítulo deste trabalho, as razões pelas quais se deu a escolha dos Bitcoins, cumpre destacar uma delas, de natureza fundamental: "(...) todos os outros criptoativos desenvolveram, a partir do Bitcoin, sua própria tecnologia, de modo que, sem ignorar as especificadas de cada um dos outros, mais de 5.000 sistemas, o passo inicial para compreensão dessa nova realidade é o estudo do próprio Bitcoin" (Bueno, 2020, p. 16).

que os fenômenos regulatórios nesse campo, "se por um lado sofrem oposição vigorosa dos defensores da liberdade absoluta, por outro estimulam aqueles que não se arriscam antes que haja um envolvimento regulatório sobre o tema, mesmo que incipiente".[8]

No campo penal, acerca das criptomoedas, de um lado, pairam as tentativas de regulamentar, cada vez mais rigorosamente, as atividades modernas que ocasionam dificuldades de acompanhamento pelos órgãos de controle. De outro, há forte resistência ao processo de regulamentação, pois a seara penal estaria sendo utilizada para tutelar as incertezas ocasionadas pelos mecanismos inovadores da modernidade, função que seria, em tese, incompatível com as bases da atividade normativa penal.

Nesse sentido, é imperativo que sejam examinados nesta obra os projetos de lei que dispõem sobre o tema das criptomoedas no campo penal, especificando as nuances de sua tramitação, bem como os aspectos penais regulatórios trazidos pela recente Lei nº 14.478/2022, publicada no *Diário Oficial da União* no dia 22 de dezembro de 2022, a qual, de forma pioneira no Brasil, positivou regulações ao uso de criptomoedas no ambiente penal.

E nesse campo regulatório, o que se verifica diante da experiência brasileira é que, muito embora tenha se experimentado um longo período de inseguranças e lacunas normativas, com o sancionamento da Lei nº 14.478/2022, não obstante algumas críticas a respeito, muitos avanços foram alcançados, mormente do ponto de vista da segurança jurídica.

No entanto, a edição da lei em referência direciona novos holofotes para a criação penal normativa, seja ela referente à elaboração de novos tipos penais, seja ela referente ao recrudescimento de penas, com a elaboração de causas de aumento. Algumas discussões passam a ser trazidas para a (des)necessidade da positivação de normas penais, possibilitando a identificação de situações em que parece haver um forte choque de princípios inerentes a essa atividade de criação.

A presente obra, assim, adquire maior importância, haja vista que, além de trazer contribuições para os estudos do emprego da criptomoeda Bitcoin na criminalidade moderna, tema bastante contemporâneo, pode proporcionar enorme avanço sob a ótica dos limites impostos à criação normativa penal. É que a sua colaboração vai além de um estudo pragmático acerca da (in)utilização dos Bitcoins no mascaramento de

---

[8] Ghirardi, 2020, p. 117.

capitais, atingindo uma análise da criação penal à luz da Constituição Federal, mais particularmente do princípio da proporcionalidade, que ganha maior relevância diante do fenômeno da ampliação penal normativa, experimentada em um contexto conhecido como *sociedade de risco*.

Portanto, este estudo está inserido na seara do Direito Penal e do Direito Constitucional e consiste em uma análise primária a respeito do processo de sofisticação dos delitos econômicos e, dentro do contexto próprio da lavagem de dinheiro, a partir das garantias constitucionais, acerca da (des)necessidade de pontos particulares do expansionismo penal para conter essa forma de avanço tecnológico.

Dentro de tal espectro, tendo em vista as alterações normativas na seara penal proporcionadas pela Lei nº 14.478/2022, almeja-se analisar uma delas em específico: a criação da causa de aumento de pena, no crime de lavagem de capitais, incidente nas hipóteses em que o crime é cometido com a utilização de ativos virtuais. Dessa forma, propõe-se a responder o seguinte questionamento, sendo este o problema de pesquisa: *sob a ótica da constitucionalidade, a causa de aumento de pena nos crimes de lavagem de dinheiro, quando praticados com a utilização de criptomoedas,*[9] *disposta no artigo 1º, §4º, da Lei nº 9.613/1998, ocasiona restrição desproporcional a direitos fundamentais?*

Para verificar se a causa de aumento de pena em referência promove restrição desproporcional a direitos fundamentais, por violar o princípio constitucional da proporcionalidade, são dedicados os capítulos 3 e 4 desta obra, que se voltam ao tratamento dos aspectos regulatórios das criptomoedas no Brasil, à abordagem do fenômeno do expansionismo penal no mundo moderno, especialmente diante da caracterização da hodierna sociedade de risco, e, por fim, ao exame do controle de constitucionalidade das leis penais, realizado por meio de aplicação metodológica amplamente aceita, consubstanciada no princípio da proporcionalidade.

No Capítulo 3, será primeiramente examinado o comportamento do Poder Legislativo brasileiro desde o momento em que o fenômeno das criptomoedas ganhou notoriedade até o estágio atual, marcado

---

[9] Para este trabalho, muito embora o dispositivo examinado empregue a terminologia *ativos virtuais*, que compreende espécies que vão além das criptomoedas, tais como *tokens* de utilidade e *tokens* de investimento, serão concebidos, para essa análise de constitucionalidade, ativos virtuais enquanto sinônimo de criptomoedas, seja em virtude de serem as mais estudadas e as mais representativas dentre as categorias desses ativos, seja simplesmente para facilitar os estudos adiante versados.

pela recente edição da Lei nº 14.478/2022, que ficou conhecida como "Marco Regulatório das Criptomoedas". Para percorrer esse caminho, serão analisados os projetos de lei mais relevantes sobre o tema das criptomoedas, conferindo maior enfoque ao Projeto de Lei nº 2.234/2021, responsável pela ulterior criação da causa de aumento de pena disposta no artigo 1º, §4º, da Lei nº 9.613/1998, especialmente à justificativa para a sua apresentação.

Ademais, serão examinados alguns dispositivos específicos da Lei nº 14.478/2022, conferindo enfoque à regulamentação incidente sobre as atividades de transferência de criptoativos entre carteiras privadas, tema que adquire especial relevância diante das alterações legais recentes, que voltaram os olhares, no campo da regulação das atividades, notadamente às *exchanges*.[10] Desse modo, busca-se analisar se a referida regulação já é, por si só, suficiente ao enfrentamento do fenômeno da lavagem de capitais por meio de ativos criptomonetários, ou se, por outro lado, afigura-se necessário implementar regulamentações também ao campo das transferências entre carteiras privadas. Trata-se de sensível exame, mormente em virtude da indesejada interferência estatal no mundo das criptomoedas, criado justamente para escapar desse controle. Essa análise se consubstancia em um dos principais desafios contemporâneos à intervenção penal no âmbito da lavagem de dinheiro praticada por meio da utilização de criptoativos, sendo a discussão de extrema importância aos poderes Judiciário e Legislativo brasileiros, bem como às autoridades responsáveis pelas investigações dos delitos objeto desta obra.

Posteriormente, após serem tecidas breves considerações sobre os aspectos penais da Lei nº 14.478/2022, o capítulo abordará a delimitação dos contornos do Direito Penal moderno, considerando-se alguns elementos essenciais à sua compreensão, tais como o contexto da chamada *sociedade de risco* e o conceito moderno atribuído à temática dos bens jurídicos.

A referida correlação entre o campo das leis e o campo dos fenômenos criminais atuais é essencial à compreensão acerca da postura adotada pelo Poder Legislativo brasileiro no exercício de seu mister de produção legislativa penal, bem como essencial ao exame constitucional que se pretende implementar no Capítulo 4, que se propõe a analisar

---

[10] Plataformas digitais direcionadas à realização de operações de venda, compra e troca de criptomoedas, comportando-se como uma casa de câmbio de ativos criptomonetários.

a compatibilidade da causa de aumento de pena em comento com o comando constitucional.

A garantia dos direitos fundamentais é dever imposto ao Estado brasileiro, que deve assegurar a todos os cidadãos um convívio harmônico, além de uma vida digna, cabendo ao Direito Penal impor limites à atuação dos indivíduos quando suas condutas coloquem ou possam colocar em risco direitos fundamentais de terceiros. No entanto, a atividade do Poder Legislativo não é irrestrita, haja vista que os mesmos limites impostos aos indivíduos devem ser atribuídos ao legislador quando da elaboração de normas, em face da necessidade de que a sua atuação guarde harmonia com os objetivos implícita e explicitamente estabelecidos pela Constituição Federal.

Nesse diapasão, uma vez tido como mecanismo capaz de equilibrar os fins e os meios do Direito Penal, o Capítulo 4 se propõe ainda a discorrer a respeito do princípio da proporcionalidade, incluindo sua concepção histórica, suas vertentes e sua utilidade prática, aplicando-o, ao final, ao caso concreto posto sob análise, qual seja, a avaliação da constitucionalidade da causa de aumento de pena presente nos crimes de lavagem quando praticados por intermédio de ativos virtuais.

Ainda, este capítulo se destina a fornecer solução intermediária à problemática em comento, empreendendo esforços para contornar a declaração de inconstitucionalidade do artigo 1º, §4º, da Lei nº 9.613/1998 pelo Poder Judiciário brasileiro e, ao mesmo tempo, encontrar alternativa capaz de torná-lo compatível com a Constituição Federal. Discorrerá sobre a denominada interpretação conforme a Constituição, aplicando essa modalidade de interpretação normativa ao caso concreto. Por último, fornecerá uma proposta de solução prévia aos problemas como o que se busca solucionar – observados de maneira frequente no campo das leis penais –, sugerindo a implementação de um estudo de impacto regulatório como etapa obrigatória no processo legislativo responsável pela criação das normas penais.

As conclusões deste estudo serão apresentadas ao final, momento em que serão elencadas as constatações obtidas através do exame das criptomoedas como instrumento para a prática da lavagem de capitais, bem como a resposta alcançada quanto ao exame da in(constitucionalidade) do artigo 1º, §4º, da Lei nº 9.613/1998. Também será relatada a solução encontrada para contornar a declaração de inconstitucionalidade do dispositivo e, consequentemente, reduzir a tensão que poderia ser gerada entre os poderes Legislativo e Judiciário, assim como a solução prévia capaz de minorar a criação de leis penais "populistas" e que desconsideram os reais impactos financeiros e sociais da medida.

Por último, no que tange à metodologia da pesquisa, o desenvolvimento da obra se dará a partir da realização de uma revisão bibliográfica, procedendo-se à leitura de relevantes literaturas jurídicas e econômicas, aqui incluídas dissertações de mestrado, teses de doutorado, livros, artigos publicados em periódicos científicos e em revistas especializadas, além de atos normativos. Ademais, dada a atualidade do tema, serão utilizados dados empíricos fornecidos por relatórios de empresas especializadas e órgãos internacionais, bem como informações constantes em jornais de grande circulação, revistas e *sites* especializados.

Sem a pretensão de esgotar o tema, este livro busca fundamentalmente estabelecer parâmetros constitucionais para a atuação do legislador no campo penal econômico, no contexto da lavagem de dinheiro praticada por intermédio dos ativos virtuais, de modo a realizar o controle de constitucionalidade em abstrato de dispositivo penal específico, representado por uma causa de aumento de pena. Além disso, objetiva propor uma solução intermediária e menos drástica para escapar da declaração de inconstitucionalidade da norma, assim como contextualizar para os leitores o cenário de criação das leis penais vivenciado hoje no Brasil, elencando possíveis soluções para a implementação de debates mais aprofundados, baseados em elementos objetivos e efetivamente capazes de assegurar que as medidas impostas observarão aspectos racionais.

Em arremate, oportuno mencionar que a tecnologia Bitcoin, assim como o papel ocupado pelas criptomoedas na sociedade moderna, encontra-se em constante evolução, de modo que conclusões alcançadas nesta obra poderão ser revistas com o passar do tempo.

CAPÍTULO 1

BITCOIN A NOVA ERA DA ECONOMIA MODERNA

A sociedade moderna é marcada pela ampliação dos mercados, fenômeno esse ocasionado por transformações na esfera econômica, política, social e até mesmo cultural. Chega-se a uma nova fase do capitalismo intitulada neoliberal, evidenciada pela circulação do capital ao redor do mundo, com a quebra de barreiras, sempre em busca de melhores rendimentos.

Ademais, pode-se dizer, vivencia-se um estágio social marcado ainda por fortes lembranças proporcionadas pelas crises econômicas decorrentes do controle monetário pelos governos, sempre colocando em último plano os interesses da população, acarretando para ela prejuízos incalculáveis.

Inserido nesse contexto, visto como alternativa, é possível verificar o surgimento de uma enormidade de criptomoedas, sendo cada uma delas composta de atributos próprios. Dentre as mais populares no mercado, considerando-se o volume de operações, podemos destacar o Tether, o Bitcoin e o Ethereum.[11]

Contudo, seja pelo seu papel inovador, seja pela sua até então dominância no mercado de criptoativos, merecem destaque os Bitcoins. A um, porque estariam presentes em sete de cada dez operações envolvendo os criptoativos.[12] A dois, pela mudança propriamente dita implementada no sistema de transações financeiras, vez que, ao trazer a tecnologia operacional *peer-to-peer* [ponto a ponto], permitiu

---
[11] Disponível em: https://coinmarketcap.com/pt-br/. Acesso em: 15 abr. 2022.
[12] Feliciano, 2020, p. 159.

que pagamentos *online* ocorressem diretamente entre as partes, sem o intermédio de terceiros.

Desse modo, ainda que ocupando um papel recente na história do mundo globalizado, tendo sua primeira operação ocorrido em 2009,[13] os Bitcoins revolucionaram as transações do mercado virtual, permitindo que uma moeda criptografada se tornasse capaz de viabilizar um pagamento eletrônico diretamente entre as partes, ou seja, sem a participação de qualquer ente estatal ou instituição financeira, rompendo quaisquer barreiras geográficas.

O objetivo deste capítulo, como se vê, é contextualizar o papel ocupado pelos Bitcoins na era moderna, destacando cada um de seus atributos inovadores para que, ao final, seja possível passar ao ponto de analisar sua potencialidade enquanto instrumento para a lavagem de capitais. Para tanto, será necessário, em primeiro lugar, recorrer à origem das criptomoedas, bem como compreender o porquê de sua criação.

Dessa forma, será apresentada a evolução histórica das criptomoedas (tópico 1.1). A importância do item reside em demonstrar que o surgimento desses ativos não se deu ao acaso, mas sim como necessidade de resposta à situação de vulnerabilidade na qual era sempre deixada a população em momentos de tensão.

Também será necessário o desenvolvimento de um breve trabalho direcionado especificamente ao Bitcoin, apontando-se o papel de destaque ocupado por essa criptomoeda no contexto atual. Antes de compreender o mecanismo de funcionamento do ativo, é necessário explorar o grau de visibilidade por ele alcançado, expondo, também, algumas curiosidades sobre ele que o deixam mais atraentes para fins de estudo (tópico 1.2).

Por derradeiro, serão abordados os Bitcoins e suas características, explorando-se o seu modo de funcionamento e as inovações implementadas pela espécie no mercado global (tópico 1.3). Essa apresentação tem como foco fornecer a base necessária para o capítulo posterior, haja vista que somente a partir de uma análise técnica sobre a atuação do criptoativo é que será possível identificar a sua aptidão para servir de instrumento à prática da lavagem de capitais.

---

[13] "A primeira transação de Bitcoins foi realizada em 2009 e, de lá pra cá, o número de usuários só aumentou, apesar da grande volatilidade de sua cotação" (Campos, 2020, p. 17).

1.1 A evolução histórica das criptomoedas

No início do século 20, ao nacionalizarem a própria moeda e retirá-la das competições mercadológicas, os governos passaram aos grandes controladores do dinheiro, deixando a sua gestão diária por conta dos bancos.[14]

Ao longo dos anos, muitos foram os problemas vivenciados pela população em decorrência do poder conferido ao Estado, que, por meio dos bancos centrais, possuía ampla liberdade para a criação e controle da moeda.

Nesse contexto, a título de exemplo, destaca-se a Primeira Guerra Mundial, que, às custas do povo, se viu financiada pelo Estado através do endividamento proporcionado pela utilização do sistema bancário para a emissão irrestrita de dinheiro.[15]

Não havia alternativa senão a busca pela ruptura com esse regime de políticas aterrorizantes que surgia, colocando os interesses sociais e toda a vida da população à mercê do poderio estatal.

Foram os economistas austríacos que tomaram a frente dessa tentativa de reforma: "A não ser que alguma coisa fosse feita para desnacionalizar e privatizar o dinheiro, alertaram eles, o resultado seria uma série infinita de ciclos econômicos, guerras, inflações catastróficas, e a contínua ascensão do Estado Leviatã".[16]

No decorrer do século, o problema mencionado perdurou e continuou incomodando os economistas. Em que pese a necessidade imediata de reformar a moeda, tal ação não se mostrava interessante para o Estado, maior beneficiário do sistema até então vigente.[17] Desse modo, o esforço para superar o *status quo* teve que partir exclusivamente das mãos de programadores.

Não obstante muitos acreditem que o Bitcoin teria sido a primeira criptomoeda a surgir, há fortes indícios de que outras criptomoedas foram inventadas em momento anterior, já que existem artigos mais antigos que abordam métodos computacionais de prova, tais como o *proof of work,* base central para a construção das criptomoedas. Chega-se, até mesmo, a enumerar sete criptomoedas que provavelmente teriam

---
[14] Tucker, 2014.
[15] Tucker, 2014.
[16] Tucker, 2014.
[17] Tucker, 2014.

surgido antes dos Bitcoins, sendo elas ECash, E-Gold, Beenz, Flooz, B-money, Bitgold, RPOW.[18]

A história das criptomoedas teria se iniciado com a *ECash*, lançada em 1983 pelo norte-americano David Chaum, através da empresa Digicash. Em seguida, no ano de 1990, veio a Beenz; no ano de 1996, a E-Gold.[19] Após, Wei Dai, em 1998, teria verdadeiramente introduzido a ideia de criptomoeda,[20] trazendo, a partir do conceito de "cripto anarquia" defendido pelo grupo dos *cyperphunks*,[21] as referências à descentralização e à criptografia da espécie monetária, lançando a criptomoeda B-money.[22]

Ao lançar a criptomoeda B-money, discorreu Wei Dai:

> Numa cripto-anarquia o governo não é temporariamente destruído, mas permanentemente proibido e permanentemente desnecessário. É a comunidade onde a ameaça da violência é impossível, e assim o é porque os participantes não podem ser ligados aos seus verdadeiros nomes ou localizações físicas (...). Até agora não está claro, mesmo teoricamente, como tal comunidade poderia funcionar. Uma comunidade é definida pela cooperação de seus participantes, e uma cooperação eficiente requer um meio de troca (dinheiro) e uma forma de garantir os contratos. Tradicionalmente tais serviços têm sido fornecidos pelo governo ou instituições patrocinadas pelo governo e apenas para entidades legais. Neste artigo eu descrevo um protocolo através do qual tais serviços podem ser fornecidos por e para entidades não rastreáveis.[23]

Adiante, com a evolução dos projetos, outros dispositivos surgiram, atraindo para si características de moedas digitais (Flooz, em 1999) e descentralizadas (Bitgold, em 1998 e RPOW, em 2004).[24]

Jeffrey Tucker explica que as tentativas de levar à frente essas moedas e um sistema de pagamentos descentralizado não foram bem-sucedidas em razão de duas circunstâncias: a primeira, pois os

---

[18] Overture, 2017.
[19] Overture, 2017.
[20] Albuquerque; Callado, 2015.
[21] "No final dos anos 1990, a expressão *cyperphunk* se tornou bastante conhecida. Era o princípio da *internet*, e foi quando um eclético grupo de matemáticos, *hackers* e criptoanarquistas começou, nos Estados Unidos da América, com base em uma defesa de uma filosofia de ampla liberdade, privacidade e anonimato, a criar e povoar os chamados espaços invisíveis da *internet*" (Silveira, 2018, p. 94).
[22] Montenegro, 2020.
[23] Dai, 1998, tradução nossa.
[24] Montenegro, 2020.

sistemas eram geralmente detidos por uma empresa comercial, e, assim, apresentavam um ponto centralizado de falha; a segunda, porque não superavam o problema do "gasto duplo".[25]

Por fim, em 2008, foi lançado o Bitcoin, que, apesar de não figurar como pioneiro no mundo das criptomoedas, foi a primeira espécie a se tornar viável, justamente pela capacidade de contornar os problemas acima mencionados.

Ainda não se sabe ao certo se o surgimento do Bitcoin guarda alguma relação com a maior crise financeira ocorrida na história desde a Grande Depressão de 1930, qual seja, a grande crise econômica do século 21, que começou também em 2008 nos Estados Unidos.[26]

Contudo, neste estudo, acredita-se que os fatores que levaram à até então maior crise mundial deste século guardam relação direta com a criação da criptomoeda, motivo pelo qual, mesmo que superficialmente, precisam ser expostos.

Para iniciar a narrativa a respeito do contexto geral da crise de 2008, Ulrich aponta:

> Anos de crédito farto e barato levaram a um superaquecimento da economia americana, em especial no setor da construção civil, inflando uma bolha imobiliária de proporções catastróficas. E para piorar ainda mais o cenário, os principais bancos centrais do mundo seguiam a mesma receita de juros baixos para estimular a economia, formando bolhas imobiliárias em outros países também.[27]

E, apenas como observação, importa o destaque feito por Renato Jorge de Mello em sua obra: o termo "bolha econômica", do qual é exemplo a bolha imobiliária citada, "também visto como bolha especulativa, bolha de mercado, bolha de preços, bolha financeira ou mania especulativa, diz respeito a um alto volume de negócios dado fora de previsões intrínsecas".[28]

Isso posto, retornando à chamada grande crise econômica de 2008, na verdade, a sua principal complicação ocorreu em 2007, quando se deram o congelamento do setor financeiro e a queda abrupta de valores

---

[25] Tucker, 2014, p. 12.
[26] Ulrich, 2014.
[27] Ulrich, 2014, p. 38.
[28] Silveira, 2018, p. 37.

dos ativos imobiliários, fazendo com que os grandes bancos do mundo ocidental se tornassem praticamente insolventes.[29]

Mais especificamente, os bancos emprestavam dinheiro a pessoas sem que fosse necessária a comprovação de liquidez para pagamento,[30] razão pela qual as últimas forneciam suas casas como garantia, formando um fenômeno chamado de crédito *subprime*. Tais empréstimos de alto risco se juntavam a outros de baixo risco, também fornecidos pelos bancos, constituindo um pacote denominado CDO, que consistia em obrigações de dívida com garantia.[31]

Com o passar do tempo, inúmeros devedores não foram capazes de quitar as obrigações assumidas, o que acarretou um "efeito dominó" no mercado, fazendo com que os bancos tivessem perdas incalculáveis e com que as bolsas do mundo despencassem.[32]

O estopim da crise se deu em 15 de setembro de 2008, quando o banco Lehman Brothers, uma das instituições financeiras mais sólidas e confiáveis do mercado mundial, veio a falir. Tratava-se, até aquele momento, da maior falência da história dos Estados Unidos.

Diante desse cenário, foi inevitável a postura dos governos de injetar dinheiro nos bancos, a fim de impedir que os danos da crise se alastrassem ainda mais. Ela estava consolidada, porém, não se tratava de uma crise somente financeira, mas também de uma crise de confiança nas instituições e nos governos, haja vista que o mercado havia perdido a confiança no emissor da moeda, que teria demonstrado não ser merecedor de tamanha credibilidade.[33]

Nas palavras de Ulrich, com a ocorrência da crise e através das medidas tomadas pelo Estado, teria ficado demonstrado que:

> Ao cidadão comum, resta assistir ao valor do seu dinheiro esvair-se, enquanto banqueiros centrais testam suas teorias, ora para salvar bancos, ora para resgatar governos quebrados, mas sempre sob o pretexto da inatingível estabilidade de preços. Na prática, a única estabilidade

---

[29] Ulrich, 2014.
[30] Conforme trecho retirado de reportagem do jornal *El País*: "Os bancos estavam infectados por produtos, criados por matemáticos financeiros, que se baseavam em créditos oferecidos a pessoas que apresentavam renda incompatível com as prestações, passado recente de inadimplência, falta de documentação adequada, ou mesmo a devedores sem patrimônio, trabalho ou renda" (Pozzi, 2017).
[31] Campos, 2020.
[32] Campos, 2020.
[33] Campos, 2020.

que existe é a perda do poder de compra da moeda, e quanto a esta, a impotência da sociedade é absoluta.³⁴

Em continuidade, complementa:

É precisamente esse ponto que ficou claro na atual crise: o cidadão não tem controle algum sobre seu dinheiro e está à mercê das arbitrariedades dos governos e de um sistema bancário cúmplice e conivente. Além do imenso poder na mão dos bancos centrais, a conduta destes – envoltas por enorme mistério, reuniões a portas fechadas, altas indecifráveis, critérios escusos, decisões intempestivas e autoritárias – causa ainda mais consternação e desconfiança, justamente o oposto do que buscam. O que, nos dias de hoje, é uma grande ironia, pois enquanto as sociedades monetárias se esquivam do escrutínio público, exigem cada vez mais informações da sociedade, invadindo a privacidade financeira dos cidadãos.³⁵

Por essas razões, em vista do abalo sofrido pelo sistema financeiro e da grave crise financeira ainda em curso, Satoshi Nakamoto "pretendia criar nada menos que uma *nova moeda*, que fosse imune a políticas monetárias imprevisíveis dos Estados e governos, bem como à manipulação de mercado praticada por banqueiros, políticos ou outros atores deste complexo mercado financeiro".³⁶

E assim o fez. Em 1º de novembro de 2008, Satoshi Nakamoto, um programador de computadores, enviou um *e-mail* para um grupo de debates sobre criptografia na *internet*, ocasião em que narrou que havia trabalhado na criação de um sistema de dinheiro eletrônico que poderia ser transacionado diretamente entre as partes (*peer-to-peer*), sem a presença de terceiros intermediários. Em anexo, enviou o seu *paper* para descrever esse novo experimento financeiro, documento que pode, ainda hoje, ser acessado em sua versão original.³⁷

Assim nascia o Bitcoin: uma moeda descentralizada, criada por Nakamoto, baseada na teoria econômica da Escola Austríaca,³⁸ que buscava fugir do exacerbado controle estatal e permitir que as partes

---

[34] Ulrich, 2014, p. 39.
[35] Campos, 2020, p. 40.
[36] Rodrigues; Teixeira, 2021, p. 17.
[37] Nakamoto, [2022].
[38] Campos, 2015.

gozassem de privacidade financeira, podendo efetivar transações sem a necessidade de uma figura institucional central para validar a operação.

Aqui, um adendo: a figura de Satoshi Nakamoto sempre foi um mistério, já que sua identidade jamais foi revelada. Nos dias de hoje, acredita-se estar diante de um pseudônimo incorporado por um grupo de programadores que, ao invés de buscar a fama, preferiu se manter no anonimato.[39]

Ultrapassada essa consideração, certo é que os Bitcoins foram lançados digitalmente em 2009, e sua primeira operação ocorreu em 22 de maio de 2010. Na ocasião, no estado da Flórida (EUA), Lazlo Hanyecz entregou 10 mil Bitcoins a um indivíduo inglês, o equivalente, à época, a 30 dólares, com os quais concretizou a compra de duas pizzas, que foram entregues em sua residência.[40]

A partir daí, dado o seu alto grau de inovação, os Bitcoins foram se tornando cada vez mais populares e passaram a ser o alvo de muitos pesquisadores. "O fenômeno iniciado timidamente em 2008 foi se expandindo paulatinamente e, mais ainda, foi sendo replicado por outros atores que passaram a desenvolver tecnologia semelhante para transferir suas próprias moedas".[41]

De maneira gradual, os estudos sobre criptomoedas foram se expandindo, avançando e ganhando força, enfraquecendo consideravelmente o papel central do Estado e das instituições financeiras enquanto validadores das operações. Muitos eram os questionamentos, e, mais ainda, muitas eram as alternativas que procuravam os estudiosos para alcançar uma autonomia cada vez mais efetiva.

Nessa toada, para além de sua função descentralizadora revolucionária, os Bitcoins também se prestaram a ajudar "no desenvolvimento tecnológico na ciência da computação, e disso surgiram as criptomoedas alternativas, assim denominadas de Altcoins, cujas finalidades são diversas, desde correção de supostos defeitos ou limitações da Bitcoin até a oferta de diversos outros serviços".[42]

Muitas foram as criptomoedas criadas a partir do código aberto do Bitcoin, tais como o Namecoin e o Litecoin, inseridos no mercado em 2011. Já em 2014, surgiu uma nova ordem de moedas virtuais, como

---

[39] Silveira, 2018.
[40] Silveira, 2020.
[41] Ghirardi, 2020, p. 27.
[42] Calixto; Sichel, 2018, p. 1628.

o Ethereum, implementando funcionalidades adicionais, que vão além da transação de valores.[43]

O que se viu, portanto, foi o pioneirismo e, por conseguinte, o espaço revolucionário ocupado pelo Bitcoin no contexto da criação das moedas virtuais. O Bitcoin permitiu que outros ativos (Altcoins) fossem introduzidos a partir de sua tecnologia de codificação, abrindo portas para que os estudos avançassem e para que novas utilidades criptomonetárias fossem descobertas e efetivamente aplicadas. Dito de outro modo, os Bitcoins permitiram a existência de todo o mercado de criptomoedas que hoje se vê, sendo responsável, pode-se assim dizer, até mesmo pelas múltiplas funcionalidades praticadas por cada uma delas.

Atualmente, existem mais de 9 mil criptomoedas em circulação,[44] sendo que as Altcoins (criptomoedas alternativas ao Bitcoin) possuem uma capitalização de mercado (*marketcap*) de 5 trilhões, 892 bilhões, 480 milhões, 36 mil e 271 reais,[45] o equivalente a 58,1% do mercado de criptomoedas.

Logo, se por um lado há uma enorme diversidade de criptomoedas hoje em circulação, por outro a capitalização de mercado dos Bitcoins totaliza 41,9%, isto é, quase a metade desse cálculo de mercado. Apenas para se ter ideia, a segunda criptomoeda com maior porcentagem de capitalização de mercado é o Ethereum, com 18,12%, acompanhada pelo Tether, com 4,56%.[46]

Portanto, percebe-se que os Bitcoins, além de promoverem o pioneirismo na descentralização das moedas virtuais, continuam, ainda hoje, a ocupar papel de destaque e dominância no mercado de criptoativos. No próximo tópico, serão analisadas as inovações e o contexto de mudanças trazido pelos Bitcoins, conferindo ênfase à sua representatividade no mundo moderno.

1.2 O papel ocupado pelos Bitcoins no mundo moderno

Como exposto no tópico anterior, a tecnologia Bitcoin passou a ser implementada como uma "tentativa de resposta à instabilidade

---

[43] Campos, 2020.
[44] Disponível em: https://coinmarketcap.com/pt-br/. Acesso em: 5 fev. 2022.
[45] Disponível em: https://coinmarketcap.com/pt-br/charts/. Acesso em: 5 fev. 2022.
[46] Disponível em: https://coinmarketcap.com/pt-br/charts/. Acesso em: 5 fev. 2022.

financeira ocasionada por décadas de monopólio estatal da moeda e por um sistema bancário de reservas fracionárias".[47]

Essa criptomoeda nasce, assim, de um projeto motivado por diferentes desejos. De um lado, protestar contra o sistema financeiro vigente, marcado pelo monopólio das instituições bancárias. De outro, criar uma alternativa para que novas formas de transacionar bens e serviços pudessem ser praticadas.[48]

Em verdade, buscou-se criar um ativo capaz de contornar as instabilidades do sistema financeiro – decorrentes, especialmente, do alto grau de intervenção estatal – e de proporcionar maior privacidade financeira aos indivíduos.

Nessa toada, delimitados os objetivos da criação da criptomoeda, pode-se atribuir o seu sucesso, principalmente, à presença de duas características inovadoras. Ao mesmo tempo que os Bitcoins foram capazes de descentralizar as transações, retirando a necessidade de um intermediário confiável, também se mostraram aptos a superar o problema do "gasto duplo",[49] vez que a tecnologia Blockchain[50] se afigurou como a única maneira de registrar e transferir Bitcoins.

Assim, "de todas as criptomoedas em circulação, sem dúvida o Bitcoin é o mais conhecido e o mais relevante. Isso não apenas pelo fato de já ter mais tempo em campo, sendo experimentado e sujeito a mais críticas que as demais, mas também por ser pioneiro no desenho da tecnologia Blockchain e pela forma de emissão com que foi criada".[51]

Noutras palavras, "a invenção do Bitcoin é revolucionária porque, pela primeira vez, o problema do gasto duplo pode ser resolvido sem a necessidade de um terceiro; Bitcoin o faz distribuindo o imprescindível registro histórico a todos os usuários do sistema via uma rede *peer-to-peer*".[52]

---

[47] Ulrich, 2014, p. 43.
[48] Silva; Teixeira, 2017.
[49] "Tal como ocorre com qualquer arquivo enviado como um anexo, ele não seria automaticamente removido do computador que o enviou e o respectivo remetente poderia enviá-lo a outras pessoas, ou seja, poderia gastar o seu dinheiro infinitamente. No mundo da computação, esse problema é conhecido como "gasto duplo" (Telles, 2020, p. 23).
[50] "A Blockchain pode ser então conceituada como *um grande livro contábil, público e descentralizado, onde constam de forma imutável o registro de todas as operações ocorridas na rede, previamente validadas (tidas por verídicas) pelos próprios usuários*" (Rodrigues; Teixeira, 2021, p. 25, grifos nossos).
[51] Ghirardi, 2020, p. 47.
[52] Ulrich, 2014, p. 43.

Todos os registros, controles e validações das operações envolvendo Bitcoins são descentralizados, permitindo a distribuição dessas ações para inúmeras pessoas, retirando, assim, o gerenciamento das transações concentrado em uma única pessoa ou instituição central.[53]

A tecnologia Blockchain, criada para viabilizar o funcionamento do Bitcoin, amparou sua confiança na matemática, na computação, na criptografia e na *internet*, excluindo a existência de um terceiro intermediador como sujeito validador das transações.[54]

Nas palavras de Rodrigues e Teixeira, a proposta da tecnologia Blockchain teria características amplamente resolutivas:

> Com o deslocamento da confiança de uma parte central para todos os "nós" (ou seja, para toda a rede de usuários), a proposta resolveria dois problemas: primeiro, seria possível a um só tempo garantir a validação das operações como legítimas, pois os próprios usuários certificariam que cada operação aconteceu, e principalmente, que aconteceu apenas uma vez, evitando o que se costuma chamar de "gasto duplo" (*double spending*) de uma mesma moeda da operação; e segundo, que estas informações seriam imutáveis, dado que lançadas em um registro público, a que todos os "nós" teriam acesso, e onde todas as operações, em ordem cronológica permaneceriam para sempre registradas.[55]

E foi por essa tecnologia, pilar do Bitcoin, que se garantiu o sucesso da criptomoeda no cenário hodierno. A sua característica revolucionária, proporcionada especialmente pelo emprego da tecnologia Blockchain, permitiu que o ativo se tornasse realmente diferente de tudo o que já fora visto, sendo amplamente divulgado e utilizado pelos interessados nesse mercado digital, seja para fins de pesquisa, seja para fins individuais de aquisição.

O sítio eletrônico *Bitcoin.org* descreve o funcionamento da criptomoeda:

> Da perspectiva do usuário, Bitcoin não é nada mais do que um programa aplicativo ou computador móvel que oferece uma carteira Bitcoin pessoal e permite que o usuário envie e receba Bitcoins com ele. Assim é como Bitcoin funciona para a maioria dos usuários. Nos bastidores, a rede Bitcoin compartilha um registro público chamado de "cadeia de bloco"

---

[53] Telles, 2020, p. 32.
[54] Rodrigues; Teixeira, 2021.
[55] Rodrigues; Teixeira, 2021, p. 20.

ou Blockchain. Este registro contém todas as transações já processadas, permitindo que o computador do usuário verifique a validade de cada transação. A autenticidade de cada transação é protegida por assinaturas digitais correspondentes aos endereços enviados, permitindo que todos os usuários tenham controle total sobre o envio de Bitcoins de seus próprios endereços Bitcoin. Além disso, qualquer um pode processar transações, usando o poder de computação de *hardware* especializado e ganhar uma recompensa em Bitcoins por este serviço. Isso é muitas vezes chamado de "mineração".[56]

Em síntese, foi criado "um sistema de transações eletrônicas confiáveis sem um terceiro de confiança, com base na criptografia e no sistema Blockchain, em que teoricamente as transações poderiam ser feitas de maneira segura, rápida e sem a necessidade de um terceiro para validar tal transação".[57]

Apesar desses breves apontamentos, aprofundaremos o estudo das características dessa criptomoeda no próximo item. O texto limita-se, neste momento, a demonstrar que o sucesso do Bitcoin se deve à superação de obstáculos até então tidos como intransponíveis, razão pela qual, no atual cenário, Bitcoins são muito mais do que uma espécie de criptomoeda; são uma criação humana revolucionária, inteiramente guiada pelas forças de mercado.

Pois bem. Alguns anos após ter sido lançado ao mundo, mais especificamente em 8 de fevereiro de 2011, o Bitcoin atingiu a paridade com o dólar americano, isto é, 1 Bitcoin passou a valer 1 dólar.[58] O que inicialmente era inimaginável se tornava realidade. O que se testemunhava era um verdadeiro fenômeno explosivo, em que a criptomoeda ganhava cada vez mais espaço e relevo quanto às posições mercadológicas.

A título de exemplo, no dia 20 de outubro de 2021, o Bitcoin atingiu sua máxima histórica, alcançando o valor de 66 mil dólares, equivalente, à época, a 366 mil e 400 reais.[59]

Na data em que se escreve esta obra (20 de fevereiro de 2022), isto é, praticamente 11 anos após atingir a paridade com o dólar

---

[56] Como (...), [2022b].
[57] Calixto; Sichel, 2018, p. 1624.
[58] Bitcoin (...), [2022].
[59] Valor (...), 2021.

americano, avalia-se 1 Bitcoin como o equivalente a 38 mil, 283 dólares e 18 centavos,[60] isto é, aproximadamente 201 mil, 669 reais e 9 centavos.[61]

Segundo dados registrados pela Glassnode,[62] em janeiro de 2021, o Bitcoin atingiu número recorde de carteiras ativas na rede de usuários, superando 22,3 milhões. A atualização mais recente desse número de carteiras, realizada em dezembro de 2021, indica a existência de aproximadamente 18 milhões de usuários ativos.[63]

Ademais, somente no Brasil, o número de investidores em criptomoedas, dentre as quais se incluem majoritariamente os Bitcoins, já supera 3 milhões.[64] Apenas para se ter ideia, em 2018, a quantidade de investidores em criptomoedas no Brasil era próxima de 1,4 milhão, número esse que, à época, representava mais do que o dobro de CPFs cadastrados na Bolsa de Valores Brasileira (B3) e se aproximava do número de investidores do Tesouro Direto.[65]

Feitas essas observações, o que se almeja deixar claro é que os Bitcoins passaram a ocupar uma prateleira de destaque nas discussões, nos estudos, nas notícias veiculadas pela mídia, nas operações criptomonetárias e nas carteiras de investimento. Os holofotes indubitavelmente se voltaram para a tecnologia inovadora, fortemente abraçada por aqueles que possuem interesse no mercado econômico.

E aqui se traz uma indagação prática extremamente importante, sendo imprescindível acompanhá-la de sua resposta. Por que os Bitcoins encontraram aceitação social no mundo moderno? Dito de outro modo, por que a utilização dessa criptomoeda poderia se mostrar vantajosa, haja vista que as pessoas poderiam utilizar moedas soberanas, tais como o dólar e o real, em seu lugar?

Sem pretensão de esgotar as inúmeras razões que devem constar nessa resposta, opta-se por reproduzir duas delas, por se entender que seriam motivos inteiramente práticos, relevantes no cotidiano, que levariam os usuários a optarem pelos Bitcoins como efetivo mecanismo de transações financeiras.

---

[60] Disponível em: https://coinmarketcap.com/price-estimates/. Acesso em: 20 fev.2022.
[61] Disponível em: https://dolarhoje.com/bitcoin-hoje/. Acesso em: 20 fev. 2022.
[62] Os dados apresentados pela Glassnode representam carteiras de endereços únicos, não abarcando *exchanges* de criptomoedas ou empresas do setor. Trata-se apenas de carteiras ativas na rede, que atuam como remetente ou receptor.
[63] Glassnode Studio, [2022].
[64] Brasil (...), 2021.
[65] No Brasil (...), 2018.

Primeiramente, muito embora os Bitcoins sejam hoje, majoritariamente, utilizados como instrumentos destinados aos investimentos especulativos, constituem uma tecnologia verdadeiramente nova, em que se aplica um sistema de pagamento ponto a ponto, permitindo, ante a inexistência de terceiros intermediadores, que os custos das transações sejam muito menores do que aqueles praticados nas transações tradicionais.[66]

Em verdade, quando comparados com as transações tradicionais, em que são cobradas tarifas bancárias como custos da operação, é possível até mesmo afirmar que as taxas praticadas nas transações que envolvem Bitcoins são praticamente nulas.[67]

Em segundo lugar, verifica-se também que os riscos de fraude aos Bitcoins são muito pequenos, já que "é matematicamente impossível falsificar Bitcoins",[68] razão pela qual se alcança muita confiança por parte dos usuários.

Isso posto, frente ao amplo controle estatal na economia, tal como sempre se viu, em especial nos momentos de grandes crises, é possível concluir que os Bitcoins representam, no atual estágio da globalização, muito mais do que um ativo descentralizado, ora utilizado como objeto de pagamento, ora utilizado como meio de investimento. Bitcoins representam um novo ponto de partida da era moderna, em que se permite com que os indivíduos sejam colocados em primeiro plano, não mais exclusivamente reféns das políticas estatais.

A soberania do Estado se relativiza, cedendo lugar ao poder dos mercados de se autorregular. Destarte, "ao invés de pedir permissão para operar, ele simplesmente existe. O Bitcoin não é uma criatura do estado, é uma invenção e evolução do mercado que independe do consentimento do poder público".[69]

Ulrich muito bem resume a importância do papel ocupado pelos Bitcoins no processo de evolução social:

> A história da humanidade é um atestado de uma triste verdade: nenhum sistema político foi capaz de conter os abusos do governo no âmbito monetário. Bitcoin nasce, assim, como uma alternativa necessária, porque quando as constituições e a separação dos poderes são incapazes de

---

[66] Telles, 2020.
[67] Ulrich, 2014.
[68] Telles, 2020, p. 46.
[69] Ulrich, 2014, p. 105.

assegurar uma moeda inviolável, a tecnologia se encarrega de fazê-lo. A separação do estado e da moeda será uma questão tecnológica, não política.[70]

E disso tudo se extrai que, observada a conjuntura moderna, devem e merecem os Bitcoins serem estudados, visto que representam o presente e possivelmente o futuro das transações financeiras globais. Em um cenário de mudanças radicais, esse ativo constitui ruptura abrupta com o panorama econômico visto até então, marcado pela centralização estatal das atividades, conferindo aos indivíduos um prêmio inimaginável, a liberdade.

O próximo tópico explicará o funcionamento dos Bitcoins, conferindo ênfase às características dessa criptomoeda. A explanação dessas nuances criptomonetárias permitirá que, mais à frente, se perceba que o Bitcoin, muito embora tido como uma inovação positiva e revolucionária do mercado digital, ampliando o leque de oportunidades dos cidadãos, pode também ser utilizado para a persecução de objetivos ilícitos.

1.3 Bitcoins e os seus atributos

Diante das exposições trazidas até aqui, muito mais do que uma resposta aos anseios de poder e de controle exercido pelo Estado, os Bitcoins se apresentaram como uma figura revolucionária no mercado global, ocupando, atualmente, um papel de protagonismo em todas as frentes de análise, afirmação essa facilmente corroborada pelos dados numéricos colacionados ao longo do tópico anterior.

Como visto, Bitcoins nada mais são do que uma espécie de criptomoeda que conta com uma rede de pagamentos *peer-to-peer*, isto é, com uma rede descentralizada e colaborativa, em que cada um dos usuários funciona tanto como cliente quanto como servidor.[71]

As transações constantes da rede são verificadas através do uso da criptografia de uma chave pública (que é acessível a qualquer um), sendo exigido que cada usuário, através de uma "chave privada" e secreta, que lhe é conferida quando se cria uma conta no sistema Bitcoin,

---

[70] Ulrich, 2014.
[71] Correa, [2022].

utilize-a para assinar a chave pública do terceiro a quem se objetiva transferir os valores.[72]

Todas essas transações são registradas e carimbadas, com data e hora, em um bloco público denominado Blockchain, que é o grande livro-razão do sistema Bitcoin.[73] Além disso, conferindo efetiva segurança ao sistema, a Blockchain é um registro de operações imutável, isto é, "ao contrário do que ocorre com o sistema bancário tradicional e instrumentos congêneres, como administradoras de cartão de crédito, não existe no Bitcoin a figura do estorno".[74]

E como as referidas transações na Blockchain são verificadas? Através da figura dos mineradores, representados por usuários que destinam seus esforços intelectuais e seus computadores para resolver complexas operações matemáticas que validam e registram as operações entre carteiras virtuais. Esses usuários são remunerados, em razão do exercício da atividade denominada de *mineração*, com Bitcoins recém-criados.[75]

Diante dessas primeiras exposições, é possível notar que o sistema Bitcoin consolida etapas integradas, e, ao mesmo tempo, bem definidas, sendo cada uma delas de suma importância para assegurar o resultado, manifestado pelo alcance da eficiência e do consequente sucesso na operabilidade do ciclo procedimental.

Uma vez explanado o funcionamento geral do sistema Bitcoin, passa-se ao momento de discorrer acerca de algumas características específicas da criptomoeda, a fim de fornecer maiores elementos para o desenvolvimento do Capítulo 2, em que será analisada a potencialidade dela como instrumento para a prática da lavagem de capitais.

Pois bem. Dentre as características inovadoras apresentadas pelo Bitcoin, merecem destaque para o desenvolvimento do tema proposto na presente obra: i) descentralização; ii) globalidade; iii) anonimidade.

Acerca da primeira característica, enquanto ativo totalmente descentralizado, vislumbra-se que os Bitcoins possibilitaram a efetivação de operações diretas entre as partes, sendo toda a confiança do procedimento proporcionada pela prova de criptografia, e não pela presença de uma instituição central.

---

[72] Ulrich, 2014, p. 18.
[73] Ulrich, 2014.
[74] Bueno, 2020, p. 37.
[75] Bueno, 2020.

Há uma marcante independência em relação à presença de um terceiro intermediador, seja ele um ente estatal direto, seja uma instituição financeira.

Ao contrário do sistema bancário tradicional, em que os correntistas necessitam da instituição financeira para realizar suas operações de valores, no caso dos Bitcoins, as transações são realizadas através da tecnologia ponto a ponto, diretamente entre as partes.[76]

Sobre o papel centralizador das autoridades nos dias de hoje, Rodrigues e Teixeira descrevem:

> Em um sistema centralizado como hoje estamos acostumados, sempre existe uma autoridade central que, ao mesmo tempo, armazena informações necessárias para uma operação, e as legitima em relação às partes envolvidas. Tomando-se como exemplo uma operação no sistema bancário tradicional – o que motivou a criação do Bitcoin –, é inegável que, a despeito da propriedade do dinheiro ser do correntista, o seu controle é feito por uma instituição financeira, a qual armazena as informações sobre o valor depositado na conta, e, para qualquer transferência ou pagamento ordenada pelo titular, precisa primeiramente atestar a existência de saldo, da veracidade da assinatura, dentre outros pontos.[77]

De modo completamente diverso ocorrem as transações envolvendo os Bitcoins, em que "é feito o registro de débito de determinado valor da carteira virtual da qual se origina o montante e, de outra parte, a anotação de crédito na *wallet* destinatária, de forma direta, sem a intervenção de qualquer entidade privada ou governamental".[78]

O sistema Bitcoin procura trazer uma nova proposta, qual seja, transferir a confiança das operações, anteriormente alocada na presença de terceiros intermediários, representados por nada mais que pessoas humanas, para um modelo de criptografia baseado nas "leis invioláveis da matemática".[79]

A falibilidade humana e os efeitos dela decorrente, muitos deles já sentidos na pele pela população, cedem espaço à prova de criptografia, à lógica matemática, consolidando esses racionais científicos como elementos sustentadores da confiança nas operações inseridas no sistema.

---

[76] Bueno, 2020.
[77] Rodrigues; Teixeira, 2021, p. 32.
[78] Bueno, 2020, p. 40.
[79] Telles, 2020, p. 26.

Adiante, a segunda característica do Bitcoin consiste no seu caráter global, isto é, remete à capacidade de ser esse ativo transacionado para qualquer lugar do mundo, de forma célere e praticamente sem custos. Sobre esse aspecto, Heloísa Estellita muito bem discorre:

> (...) a *globalidade* se caracteriza pelo fato de que as transações podem ser realizadas globalmente sem qualquer obstáculo. Para isso, de novo, é suficiente o acesso à *internet* e a um cliente de BTC. O mesmo vale para a troca de BTC por moedas de curso legal (*fiat*) que podem ser feitas por intermediários ou mesmo por pessoas privadas. Todas essas transações são realizadas sem instâncias de controle, supervisão ou monitoramento. (...) a transferência internacional de valores é feita de forma rápida e barata – uma grande vantagem das *cripto* quando comparadas ao sistema de transferência internacional bancário –, todavia sem qualquer controle por autoridades nacionais (...).[80]

Trata-se, em síntese, da concreta possibilidade de que qualquer pessoa, em qualquer lugar do mundo, possa realizar operações envolvendo Bitcoins, sem ter de se submeter aos empecilhos burocráticos e financeiros presentes no sistema bancário tradicional.[81]

Por último e com maior relevância para este estudo, pode ser apontado o terceiro atributo, o da anonimidade. No entanto, em que pese a percepção popular, seriam os Bitcoins parte de um sistema verdadeiramente anônimo? Seriam as transações absolutamente anônimas e indetectáveis?

De início, acerca dos fins cadastrais, basta que uma pessoa tenha acesso à *internet* e tenha o contato de outro cliente Bitcoin para que seja concedido a ela, ainda que sem se identificar, um par de chaves e um endereço, elementos que lhe permitem realizar transações fazendo uso da criptomoeda. Não é necessário nem mesmo fornecer um simples endereço de *e-mail*.

Bastante pertinentes são as palavras de Wladston Viana a respeito do tema:

> Você não precisa se registrar em nenhuma empresa, fornecer todos os seus documentos, assinar contratos imensos, nada disso. Também não é necessário entender esses conceitos complexos explicados neste *post*. Qualquer pessoa no mundo, em qualquer país com *internet*, pode

---

[80] Estellita, 2019, grifos nossos.
[81] Assis, 2020, p. 70.

baixar um programa capaz de se conectar à rede Bitcoin, gerar um endereço Bitcoin e começar a participar da rede, sem pedir permissão para ninguém.[82]

Contudo, ao contrário do que parece, mesmo diante da desnecessidade de identificação do usuário, não se pode afirmar que as transações envolvendo Bitcoins são absolutamente anônimas, haja vista que, através do sistema de dados Blockchain, todas as transações efetivadas com a criptomoeda são registradas publicamente.[83][84]

Nesse sentido, Emília Malgueiro Campos explica:

> É válido esclarecer, porém, que a Rede Bitcoin não garante "anonimato" aos seus usuários, ao contrário do que se possa imaginar, mas, sim, privacidade, o que é diferente. Isso porque, dentro da Rede, os usuários não são identificados por nome e número de documento, mas por números de carteiras e chaves públicas, que, combinadas com chaves privadas, permitem a transferência de titularidade dos Bitcoins.[85]

Ainda que a tecnologia Bitcoin tenha se preocupado em garantir privacidade aos seus usuários, preservando a identidade dos titulares das carteiras, não se objetivou tornar anônimos todos os envolvidos nas operações, motivo pelo qual se afigura mais correto se falar, no lugar de anonimato, na inexistência de identificação imediata dos usuários.[86]

Dessa forma, "ainda que o Bitcoin seja semelhante ao dinheiro vivo, em que as partes podem transacionar sem revelar suas identidades a um terceiro ou entre si, é também distinto do dinheiro vivo, pois todas as transações de e para um endereço Bitcoin qualquer podem ser rastreadas. Nesse sentido, Bitcoin não garante anonimato, mas permite o uso de pseudônimo".[87]

Portanto, em uma primeira análise, uma vez postos e explanados os seus atributos, o que se pode inferir é que se está diante de uma criptomoeda capaz de ser operacionalizada por todo o mundo, de maneira rápida e segura. Entretanto, não se trata de uma transação

---

[82] Viana, [2022].
[83] Aqui é necessário reforçar que, "mesmo sendo todas as transações registradas na Blockchain, tem-se que não são vinculadas à identidade física do usuário" (Soares, 2020, p. 22).
[84] Savino, 2020.
[85] Campos, 2020, p. 23.
[86] Bueno, 2020, p. 43.
[87] Ulrich, 2014.

absolutamente sigilosa, muito embora, de fato, não seja simples detectar as partes e os demais elementos nela envolvidos.[88]

1.4 Síntese do capítulo

Este capítulo teve como objetivo chamar a atenção para toda a forma de manifestação do sistema Bitcoin na atual conjuntura social, recorrendo ao seu recorte histórico até a leitura dos impressionantes dados que marcam a sua utilização nos dias de hoje.

É possível concluir que o funcionamento do sistema Bitcoin, além de descentralizado e independente, é incentivado pela própria engenhosidade do sistema, que, além de assegurar a confiabilidade no registro das operações por meio do sistema Blockchain, garante mecanismo diferenciado de remuneração para aqueles usuários que se dispuserem a colaborar com a verificação das operações. Trata-se de tecnologia verdadeiramente revolucionária.

A fim de melhor organizar as ideias e de facilitar a compreensão do que será abordado no próximo capítulo, oportuno destacar algumas conclusões que podem ser extraídas de tudo o que foi exposto até aqui:

1) Os Bitcoins surgem não apenas como alternativa para livrar os indivíduos das exigências centralizadoras (controladoras) do Estado, mas também como modelo de resposta aos abusos por ele promovidos ao longo de toda a história.

2) Os Bitcoins apresentam números surpreendentes nas mais diversas pesquisas (volume transacionado em operações criptomonetárias, percentual de utilização em relação às outras criptomoedas, equiparação com o dólar americano, número de carteiras ativas no mundo), motivo pelo qual se pode afirmar que ocupam hoje papel de protagonismo no cenário das criptomoedas.

---

[88] Nesse diapasão: "(...) se necessário, e mediante o devido processo legal, pode ser possível, por meio de perícia e combinação de métodos de investigação, descobrir quem é o titular de uma carteira. E todas as transações podem ser rastreadas por esse número. Ou seja, garante-se privacidade às transações e, ao mesmo tempo, transparência e rastreabilidade, se necessário, para qualquer investigação, diferentemente do que ocorre no sistema financeiro tradicional, onde independentemente de qualquer ordem ou mandado judicial, as transações financeiras de todos os correntistas são, o tempo todo, monitoradas e controladas pelos bancos e, consequentemente, pelas autoridades governamentais" (Campos, 2020, p. 23).

3) A chegada dos Bitcoins permitiu a implementação da tecnologia Blockchain, isto é, de tecnologia capaz de garantir o registro e a imutabilidade de todas as operações realizadas com o uso da criptomoeda.
4) As principais características dos Bitcoins são a descentralização, a globalidade e a anonimidade.
5) Acerca da anonimidade, ela não é total. Pelo contrário, em razão das próprias características da tecnologia Blockchain, não se pode falar, de modo algum, que os usuários do sistema estariam acobertados pelo manto do sigilo absoluto;
6) Muito embora não sejam os usuários do sistema Bitcoin absolutamente anônimos, não se mostra tarefa fácil descobrir quem são e quais são os demais elementos envolvidos nas respectivas transações, razão pela qual são geradas fortes preocupações entre as autoridades estatais.

CAPÍTULO 2

BITCOIN × LAVAGEM DE DINHEIRO

Conforme analisado no capítulo anterior, os Bitcoins são tidos como uma espécie de criptomoedas sem representação física, que circulam sem fronteiras por todo o mundo, de maneira que não se demanda a presença de um terceiro para intermediar as suas transações. Ademais, estas transações são efetuadas de maneira irreversível e não permitem a identificação imediata das partes nelas envolvidas.

Em síntese, uma nova realidade é vista. Novos modelos de operações econômicas passam a ser concretizados, ocorrendo diretamente entre as partes, com extrema rapidez e custo baixo, suprimindo todo o poder tradicional do Estado e a fiscalização a que este estava acostumado.

Rememoradas essas características, cumpre pontuar que vivemos em um cenário global de internacionalização do compartilhamento de dados bancários, marcado pelo avanço dos órgãos de fiscalização, caminhando em direção ao fim do sigilo bancário tal como tradicionalmente visto.[89]

Nesse contexto, criminosos passam a buscar por novos paraísos fiscais, quando se deparam com o mundo das criptomoedas,[90] caracterizado como recente e ainda pouco explorado, razões pelas quais despertam grandes preocupações nos órgãos de controle e de fiscalização.

Dessa forma, "(...) as criptomoedas, em geral, e a Bitcoin, em especial, se mostram como a grande quebra de expectativas de um mundo sem segredos bancários. A quebra das fronteiras pregada pela Bitcoin

---
[89] Silveira, 2018.
[90] Silveira, 2018.

acabou gerando novas barragens de sigilo, sempre em um movimento anticíclico esperado pelas autoridades centrais dos Estados".[91]
Como bem descreve Feliciano,

> se a modernidade trazida pelas moedas digitais, de um lado, tornou sem fronteiras diversas transações financeiras, de outro, trouxe aflições penais dignas de especial atenção. A complexa rastreabilidade e o possível anonimato que dessa complexidade insurge oferece, à academia e ao Sistema de Justiça Criminal, desafios jamais vistos, sobretudo no alcance potencial que a dinâmica das criptomoedas pode revolucionar em consagrados delitos econômicos que, a exemplo da evasão de divisas, sonegação fiscal e lavagem de dinheiro, geram impactos em nível global.[92]

A título de exemplo, visando demonstrar concretamente o porquê de tais preocupações, a Operação Lava Jato,[93] em março de 2018, detectou esquema de lavagem de dinheiro através da utilização de Bitcoins. Segundo as investigações, o esquema teria desviado ao menos 44 milhões de reais dos 73 milhões de reais em contratos firmados para o fornecimento de pães a presídios do Rio de Janeiro.[94]

Além disso, a deflagração da operação policial Kryptos trouxe à tona imenso esquema de fraudes no mercado de criptomoedas, perpetrado pela empresa G.A.S Consultoria, que operou durante anos e chegou a movimentar 38 bilhões de reais.[95] Dentre as inúmeras imputações que recaem sobre o líder do grupo, que ficou conhecido como "Faraó dos Bitcoins", consta a prática de lavagem de dinheiro por meio da utilização de criptomoedas.

E a potencialidade lesiva dos Bitcoins enquanto instrumento para a prática de delitos econômicos é questão que pode ser assim introduzida, conforme expõe Xesús Pérez López:

> As criptomoedas são perfeitamente adaptadas às características clássicas do cibercrime: instantaneidade (velocidade das transações); distância entre o autor da infracção e o local da comissão de uma parte substancial

---

[91] Silveira, 2018, p. 122.
[92] Feliciano, 2020, p.165.
[93] "A Lava Jato, considerada a maior investigação de corrupção e lavagem de dinheiro do Brasil, foi deflagrada em março de 2014 pela Justiça Federal, em Curitiba, e logo o Ministério Público expõs um imenso esquema de desvio de recursos envolvendo a Petrobras, partidos políticos e empreiteiras" (Nunes, 2019).
[94] Lava (...) 2018.
[95] Martins, 2022.

da natureza criminal do crime; natureza transfronteiriça, com os problemas legais associados com a determinação da jurisdição competente para conhecer a infração e a cooperação internacional indispensável para buscá-la; imaterialidade e, portanto, a facilidade de eliminação de provas (a última, no entanto, reduzida em certa medida devido à natureza pública do livro de registro).[96]

Dessas breves exposições, é possível se chegar a uma premissa, que será de suma importância para guiar a leitura deste capítulo: os Bitcoins proporcionaram e ainda proporcionam inúmeros benefícios à sociedade. No entanto, se por um lado suas características inovadoras geram esses benefícios, por outro é possível que as mesmas características permitam com que a criptomoeda cause malefícios severos, visto que podem ser empregadas a fim de fomentar a criminalidade.

Como mencionado, optou-se nesta obra pelo recorte acerca do uso dos Bitcoins no contexto específico dos delitos de lavagem de capitais, previstos na Lei nº 9.613/1998.[97]

Assim, o presente capítulo, à luz das premissas técnicas já apresentadas sobre a criptomoeda, e em vista da breve introdução apresentada, esmiuçará a prática de lavagem de dinheiro para, ao final, compreender como as características do ativo favorecem a prática delitiva, bem como de que maneira se dá a sua utilização, enquanto meio delitivo, nas fases da lavagem.

Nesse intuito, o tópico 2.1 procurará, inicialmente, trazer à baila a discussão sobre o bem jurídico tutelado pelo tipo penal em comento (subtópico 2.1.1) para, em seguida, acompanhando essa análise, traçar os contornos gerais sobre o delito de lavagem de dinheiro, descrito no artigo 1º da Lei nº 9.613/1998 (subtópico 2.1.2). Em continuidade, buscará desenvolver detalhadamente as fases do delito de lavagem (subtópico 2.1.3), a fim de que seja possibilitada uma melhor compreensão do item seguinte.

Por último, buscará averiguar de que modo os Bitcoins se inserem na modalidade típica em referência (tópico 2.2), recorrendo, para tanto, às exposições técnicas da criptomoeda descritas no Capítulo 1 desta obra, bem como às pormenorizadas análises sobre as fases do delito de lavagem.

---

[96] Pérez López, 2017, p. 155, tradução nossa.
[97] Brasil, 1998a.

O objetivo do capítulo é fornecer as reflexões necessárias para que se torne viável a inserção de uma análise constitucional ao tema, a fim de que seja possível proceder ao exame da postura adotada pelo Poder Legislativo brasileiro em tal contexto de criminalidade por meio da utilização de criptomoedas. Ademais, as exposições deste capítulo permitirão, mais à frente, compreender alguns desafios que remanescem à intervenção penal no âmbito da lavagem de capitais por meio da utilização de criptomoedas.

2.1 Lavagem de dinheiro

O termo lavagem de dinheiro surge nos Estados Unidos, nos anos 30 do século 20, sendo empregado para caracterizar a metodologia adotada pela máfia no processo de manuseio de recursos ilícitos. A fim de justificar ganhos originados de práticas criminosas, os mafiosos utilizavam máquinas de lavar roupa automáticas, daí o porquê da nomenclatura *lavagem de dinheiro* (ou *money laundering*).[98]

Com o passar dos anos, o fenômeno da lavagem se tornou cada vez mais presente e notório, trazendo fortes preocupações às autoridades de Estado, visto que era elemento de difícil apuração, comumente apropriado pelo crime organizado, mormente no que tangia à destinação de recursos ao tráfico de drogas.

A título de exemplo, muitas foram as tentativas internacionais de combater e prevenir a prática da lavagem de dinheiro, destacando-se a realização da Convenção de Viena, em 1998, da Convenção de Palermo, em 2000, da Convenção de Mérida, em 2003, e da Convenção de Varsóvia, em 2005.

No Brasil, foi somente em 1998 que sobreveio a primeira legislação nacional expressa sobre a lavagem, representada pela promulgação da Lei nº 9.613/1998. Com a chegada do diploma, criminalizou-se especificamente, no país, a atividade da lavagem de capitais.

Posteriormente, no ano de 2012, a partir da chegada da Lei nº 12.683/2012, alterou-se a redação legal até então vigente, sendo a mais relevante das alterações aquela que consiste na ampliação do rol de delitos antecedentes à lavagem. Houve a ampliação da abrangência do tipo penal, como será adiante exposto.

---

[98] Badaró; Bottini, 2019.

2.1.1 O bem jurídico tutelado e a importância de sua proteção

Feita essa breve contextualização histórica sobre o surgimento do crime de lavagem de dinheiro no ordenamento jurídico brasileiro, passa-se então à análise de um importante ponto, objeto de extensa discussão: o bem jurídico tutelado pela Lei nº 9.613/1998.

Neste item, pretende-se responder aos seguintes questionamentos: qual é o bem jurídico protegido pela Lei nº 9.613/1998? Por que esse bem jurídico é merecedor de tutela penal?

E antes de adentrar nas análises, deve ser destacado que, em que pese "o imenso número de bens existentes, seleciona o Direito aqueles que reputa 'dignos de proteção' e os erige em 'bens jurídicos'".[99] No entanto – e isso é de extrema importância –, nem todos os bens constituem bens jurídicos. E mais, nem todos os bens jurídicos são merecedores da tutela conferida pelo Direito Penal.[100]

Introduzindo a relação entre o Direito Penal e a tutela dos bens jurídicos, observa-se que, "de um modo geral, a doutrina não destoa que o fim do Direito Penal se vincule à proteção dos bens jurídicos. Para alguns, essa exigência estaria vinculada ao *contrato social*, no qual as partes abdicam de parte da parcela de liberdade mínima para assegura a vida em comum".[101]

Em outras palavras, ao definir os limites de atuação do Direito Penal, estaria a sociedade a renunciar a um *status* maior de liberdade, a fim de que condições imprescindíveis ao convívio e à subsistência humana possam ser reguladas de uma maneira mais rígida.

Devendo pautar a atuação do legislador, "a ideia do bem jurídico conduz, portanto, a uma política criminal racional: o legislador penal deve medir suas decisões com critérios justos e claros, utilizando-os ao mesmo tempo para sua justificação crítica. Tudo aquilo que não objetiva a proteção dos bens jurídicos deve ser excluído do âmbito do Direito Penal".[102]

Sob a ótica penal, resumidamente, os bens jurídicos são somente aqueles aptos a demandar proteção específica do Estado, dada por

---
[99] Toledo, 2015, p. 16.
[100] Toledo, 2015.
[101] Ishida, 2021, p. 47, grifos nossos.
[102] Callegari; Weber, 2021, p. 119.

normas penais, em ocasiões nas quais outros meios extrapenais disponíveis no ordenamento jurídico não se mostrem suficientes.[103]

No âmbito específico da lavagem de dinheiro, para se identificar a realidade de incidência da norma, é preciso conceber que, "além dos elementos oferecidos pelo legislador, a interpretação deve mirar o que se quer proteger com o tipo penal – *o bem jurídico* – e, além disso, identificar o *método de agressão* típico que habita as ações proibidas. As condutas de ocultação e de dissimulação devem ser métodos racionais de agredir o bem jurídico".[104]

Ultrapassada essa breve conceituação de bem jurídico penal – que será devidamente alargada no próximo capítulo desta obra –, e o apontamento dos contornos de incidência do tipo penal de lavagem sobre o bem jurídico, passa-se ao momento de analisar o bem jurídico propriamente protegido pelo diploma da lavagem (Lei nº 9.613/1998), respondendo ao primeiro questionamento deste subtópico.

Para tanto, desde já, cumpre destacar que não há consenso acerca da tutela jurídica conferida ao delito de lavagem, havendo ao menos quatro correntes distintas que versam sobre o tema.

E, muito embora a identificação do bem jurídico tutelado na lei de lavagem possa parecer simples formalidade ou apontamento dogmático, trata-se, em verdade, de discussão que adquire grande importância prática, haja vista que, a partir de construções sobre o bem jurídico protegido, permite-se resolver questões como o concurso de normas, impedindo o *bis in idem* em casos específicos.[105]

De forma resumida, as ideias centrais acerca do bem jurídico tutelado podem ser assim estabelecidas: i) primeira corrente: protege-se o mesmo bem jurídico tutelado pela infração antecedente; ii) segunda corrente: protege-se a administração da Justiça; iii) terceira corrente: protege-se a ordem econômica; iv) quarta corrente: são protegidos vários bens jurídicos, quando se trata de crime pluriofensivo.

A primeira corrente entende que se está a proteger o mesmo bem jurídico tutelado pelo delito antecedente, vez que sua prática, por ser condição *sine qua non* para a verificação da lavagem, induz à conclusão de que se trata verdadeiramente de parte integrante da última. Como atuais expoentes da referida linha de pensamento temos Juarez

---

[103] Toledo, 2015.
[104] Leite, 2021, p. 131, grifos nossos.
[105] Callegari; Weber, 2021.

Tavares e Antônio Martins, que, em obra recente, destacaram que a persecução da lavagem constitui interesse secundário, uma vez que somente é iniciado em razão da afronta ao bem jurídico tutelado pelo crime antecedente, sendo esse o interesse principal.[106]

Não obstante, a referida corrente é de fato minoritária, encontrando muitas dificuldades para superar a seguinte crítica argumentativa: "Se o bem jurídico protegido pela norma da lavagem de dinheiro é o mesmo lesionado pelo delito antecedente, existirá *bis in idem*".[107] Desse modo, caso fosse admitida a ideia de que se está diante da tutela do mesmo bem jurídico do crime antecedente, retornar-se-ia a uma indagação sobre a própria "legitimidade da criminalização de um comportamento que incide sobre um bem jurídico já atingido por uma conduta anterior".[108]

Para a segunda corrente, estar-se-ia diante de situação de proteção da administração da Justiça, já que a prática da lavagem "(...) consiste em manter ou induzir os órgãos de persecução penal em erro (ignorância ou equívoco) sobre a existência ou procedência criminosa de um bem, encobrindo o indício do crime e de sua autoria".[109]

Assim, sendo a lavagem de ativos um processo representado por uma série de atos de ocultação e dissimulação, que visam distanciar cada vez mais o produto de sua origem ilícita, dificultando a persecução penal, colocar-se-iam em risco toda a operacionalidade e a credibilidade do sistema de Justiça.[110]

Para Pedro Caeiro, "o branqueamento é um crime de média gravidade contra a administração da justiça, na medida em que pode impedir ou dificultar significativamente (crime de perigo abstracto) a detecção e o confisco das vantagens provenientes de crimes graves e a perseguição/punição dos respectivos agentes".[111]

No entanto, o autor reconhece que o espectro ampliado de possibilidades de incidência do tipo penal tem conduzido à tutela de uma realidade diversa da administração da Justiça Penal, denominado "pureza da circulação dos bens", sendo esse um bem jurídico fixado na ordem pública que manifesta "a pretensão estadual a que as operações

---

[106] Tavares, 2020.
[107] Badaró; Bottini, 2019, p. 79.
[108] Badaró; Bottini, 2019, p. 78.
[109] Horta; Teixeira, 2019, p. 28.
[110] Badaró; Bottini, 2019.
[111] Caeiro, 2018, v. 1, p. 287.

de transmissão dos bens – e a inerente criação de riqueza – sejam juridicamente legítimas".[112] [113]

Para Callegari e Weber,

> para o setor doutrinário que reconhece a administração da justiça como bem jurídico tutelado pela lei de lavagem, esta seria frontalmente afetada pelas condutas descritas na lei, visto que a ocultação ou dissimulação terminaria por impedir a fiscalização, investigação, processamento e condenação pelos delitos prévios e em relação aos bens, direitos e valores decorrentes de sua prática. Aquele que oculta, portanto, termina por evitar ou dificultar a elucidação do delito prévio, mesmo que essa não seja a sua intenção, e, por isso, o bem jurídico tutelado é a administração da justiça.[114]

Nesse ponto, as principais críticas ao posicionamento mencionado recaem sobre o elemento subjetivo dos tipos penais referentes aos crimes que afrontam a administração da Justiça, pois, tendo em vista que todos eles elencam o dolo de prejudicar o funcionamento do setor como pressuposto inafastável à sua caracterização, não estaria esse elemento presente no caso específico da lavagem.

Além disso, os próprios desdobramentos dessa identificação do bem jurídico são trazidos à tona, alcançando-se a extensa discussão sobre a incidência do *bis in idem* nas hipóteses em que o bem jurídico tutelado pelo delito anterior é o mesmo do delito de lavagem.

Isso se justifica pois, sendo o bem jurídico tutelado pela lavagem a administração da Justiça, e levando-se em consideração que o Código Penal realiza a divisão dos títulos da lei penal de acordo com o bem jurídico protegido, estando a administração da Justiça inserida no capítulo dos crimes contra a administração pública, recaem questionamentos

---

[112] Caeiro, 2003, p. 1084 e ss.

[113] Acerca dos novos rumos conferidos à tutela penal no delito de lavagem de capitais, Pedro Caeiro (2018, p. 301) tece fortes críticas, asseverando que "o movimento nacional e internacional que pretende ampliar e maximizar a tutela penal contra o branqueamento é susceptível de provocar a desfiguração do bem jurídico protegido, bem como disfunções graves do regime penal e processual penal do branqueamento, cuja razoável severidade foi pensada para uma realidade criminológica muito diferente. Em particular, a tutela do mercado contra a circulação de bens de fonte ilícita (a "pureza da circulação dos bens") pode ser levada à prática através do sistema de prevenção, eventualmente confortado por contra-ordenações, mas esse interesse não tem suficiente dignidade e densidade para se constituir em objecto de protecção da lei penal, por força dos princípios constitucionais da necessidade, proporcionalidade e subsidiariedade que lhe presidem".

[114] Callegari; Weber, 2021, p. 120.

sobre a possibilidade de responsabilização penal nas hipóteses em que o crime antecedente acarreta lesão à administração pública.[115]

Segundo explicação trazida por Callegari, "a Justiça, por ser função estatal, termina por integrar a administração pública como um todo, e, logo, ferida a persecução da Justiça, o bem jurídico ferido é a própria administração estatal, que se vê incapaz de realizar seus fins".[116]

Em continuidade, a terceira corrente sustenta que o bem jurídico protegido pela Lei nº 9.613/1998 é a ordem econômica, sendo essa a posição majoritariamente adotada tanto pela doutrina nacional quanto internacional. Inclusive, é a posição que aqui se acredita ser mais compatível com a intenção do legislador quando da criação da lei.

E não é o caso de uma interpretação restritiva do termo ordem econômica, devendo ela compreender um sentido mais abrangente, que consiste na "ordem econômico-financeira, o sistema econômico e suas instituições ou a ordem socioeconômica em seu conjunto (bem jurídico categorial), em especial a licitude do ciclo ou tráfego econômico-financeiro (estabilidade, regularidade e credibilidade do mercado econômico)".[117]

Isso se explica pois a lavagem de ativos ocasiona não só problemas econômicos internos, como também dificulta a atração de capital estrangeiro. É que, como já mencionado na introdução desta obra, o Estado perde a confiança não apenas da própria população, mas também dos *players* internacionais, reduzindo consideravelmente a sua capacidade de atrair investimentos. São criadas falsas e ilegítimas premissas de sustentação da economia nacional, de forma a retirar-lhe toda a sua credibilidade.

No entanto, existem aqueles que acreditam não existir qualquer afetação negativa à ordem econômica, defendendo, até mesmo, que a integração do capital ilícito ao mercado poderia acarretar efeitos positivos ao sistema econômico, já que, em uma perspectiva macro, aumentar-se-ia a quantidade de investimentos em indústrias, na geração de empregos, entre outros fatores.[118]

Sem embargo, a aludida crítica desconsidera fatores essenciais que devem nortear uma economia equilibrada e sustentável.

---

[115] Callegari; Weber, 2021.
[116] Callegari; Weber, 2021, p. 120.
[117] Prado, 2019, p. 453.
[118] Fábian Caparrós, 2018, p. 39, tradução nossa.

Nas sábias palavras de Fábian Caparrós:

> O custo dos recursos disponíveis por via ilegal é - ao menos, desde a perspectiva estritamente pecuniária - muito inferior ao daqueles outros obtidos de maneira lícita. Por isso, a reintrodução desta riqueza suja nos canais regulares da economia sempre gera distorções no funcionamento normal dos mercados, anomalias que, em último extremo, podem conduzir a uma progressiva supressão da competição.[119]

É que "o agente lavador consegue utilizar em sua atividade empresarial uma elevada quantia de ativos, convertidos em investimentos para seu empreendimento, ativos esses que foram obtidos à margem dos órgãos de controle, bem como da incidência de ônus comuns como a tributação".[120]

Ou seja, com a prática da lavagem de capitais, ocorre verdadeiro desequilíbrio nas forças empreendidas por cada sujeito para manter-se "vivo" em um contexto de mercado cada vez mais competitivo e voraz. Ocorre verdadeiro rompimento no aspecto da concorrência justa e leal, que deve servir como premissa para o funcionamento de todo o sistema econômico.

Em tom crítico direcionado à vagueza do conceito *ordem econômica*, importantes são as considerações trazidas por Frederico Horta e Adriano Teixeira, que afirmam ser necessário estabelecer quais são os aspectos específicos da "ordem econômica" efetivamente prejudicados pelo delito de lavagem, para, após essa análise, verificar qual seria o elemento econômico tutelado com a incriminação.[121]

Nesse ponto, os autores concluem que o objeto da ofensa ao bem jurídico consistiria na livre concorrência, "característica da ordem econômica, constitucionalmente consagrada como um princípio (art. 170, IV, da CR/1988)", a qual "é vulnerada precisamente pela terceira fase da lavagem de capitais, a de integração de bens, direitos ou valores provenientes de crime à economia, quando essa se dá pelo seu emprego em atividade econômica ou financeira".[122]

---

[119] Fábian Caparrós, 2018, p. 42, tradução nossa.
[120] Callegari; Linhares, 2022, p. 84.
[121] Horta; Teixeira, 2019, p. 29.
[122] Horta; Teixeira, 2019, p. 30.

Acrescentam os autores que a legitimidade da incriminação residiria somente na adoção da referida interpretação, a de que o elemento da ordem econômica efetivamente prejudicado seria a livre concorrência.[123]

Acerca do tema, muito embora se reconheça que, "muito raramente a integração de capitais de origem criminosa à economia formal, na forma de investimentos, irá de fato impactar a concorrência em um determinado mercado",[124] a constatação não deslegitima uma incriminação específica da utilização de produto de crime em atividade econômica ou financeira, em nome da livre concorrência, pois esses investimentos comprometem uma das suas condições, que é a lealdade entre os concorrentes e a correspondente confiança recíproca no cumprimento das normas de mercado. Em face da livre concorrência, a incriminação do artigo 1º, § 2º, I, da Lei nº 9.613/1998 guarda a estrutura própria dos delitos cumulativos, que se configuram por condutas que, embora isoladamente não sejam idôneas a comprometer o bem jurídico, podem contribuir para lesá-lo ou expor-lhe a uma situação crítica, quando praticadas reiteradamente.[125]

Por derradeiro, a quarta corrente aduz ser o crime de lavagem um delito pluriofensivo, isto é, que ofende mais de um bem jurídico. Na ocasião, haveria lesão simultânea à administração da Justiça e à ordem econômica.[126]

Sobre o tema, muito bem situadas são as considerações trazidas por Gustavo Badaró e Pierpaolo Bottini, ao sustentarem que, "embora a pluriofensividade aparentemente afaste as dificuldades decorrentes da identificação de um bem exclusivamente protegido é um ponto de fuga que enfraquece o instituto e não contribui para a orientação da aplicação da lei penal".[127]

---

[123] Melhor explicando de que modo se daria a violação específica ao aspecto da livre concorrência, esclarecem os autores que "o investimento de capital proveniente de crimes, como aliás de qualquer atividade ilícita, em atividade produtiva, financeira ou de prestação de serviços, compromete a igualdade formal entre os agentes econômicos, pois subverte o pacto fundamental de que todos estarão sujeitos às mesmas regras (as leis...), ainda que não à mesma sorte no negócio. A lavagem de dinheiro tende a consolidar uma vantagem econômica ilícita, que, quando empregada em benefício de um agente econômico, se transforma em um privilégio: o de ter no crime uma fonte de recursos, uma vantagem na concorrência com outros agentes obedientes à lei. Trata-se de um privilégio corrosivo de qualquer Estado de Direito, pois ele não decorre de uma ordem jurídica injusta ou desigual, mas da própria inobservância da ordem jurídica" (Horta; Teixeira, 2019, p. 30-31).

[124] Horta; Teixeira, 2019, p. 33.

[125] Brasil, 1998a; Horta; Teixeira, 2019.

[126] Mendroni, 2018, p. 101.

[127] Badaró; Bottini, 2019, p.90.

Querem dizer os autores – registre-se, posição com a qual se está de acordo – que a teoria supramencionada pouquíssima aplicabilidade prática possui, vez que apontar como diversos os bens jurídicos tutelados seria o mesmo que apontar nenhum.[128]

Desse modo, respondendo ao primeiro questionamento formulado neste subitem, entende-se, em concordância com a corrente prevalecente, que o bem jurídico tutelado na lavagem de dinheiro é a ordem econômica.

Adiante, cabe agora analisar, sob o aspecto prático, as razões pelas quais a ordem econômica merece de fato receber proteção penal em nosso ordenamento jurídico.

Sobre o ponto, tem-se que a ordem econômica goza de dignidade constitucional, fato que, por si só, já se revela apto a justificar a intervenção do Direito Penal nas hipóteses de ofensa a esse bem jurídico. É que, fazendo constar expressamente no texto constitucional de 1988, o legislador brasileiro claramente fez a opção pelo combate a todas as formas de abuso de poder econômico, dominação de mercados, eliminação de concorrência e aumento arbitrário de lucros.[129] Inclusive, conferiu aos juízes federais a competência para julgar os crimes contra a ordem econômico-financeira.[130]

No entanto, para além dessa razão maior, representada pela justificação Constitucional, pretende-se analisar, ainda que em breves linhas, por que, sob a ótica pragmática, é essencial a tutela da ordem econômica.

Pois bem. Para introduzir a questão, recorre-se à ideia trazida por Gallino, assim descrita por Édson Luís Baldan:

> O Direito Penal não protege ou tutela a realização do fenômeno econômico como fato em si, mas sim protege a integridade da ordem que se estima necessária para o cumprimento desse fato, de maneira que possam produzir-se assim os fins propostos. Resulta assim claro que qualquer conduta que produza a ruptura dessa ordem (concebida à maneira

---

[128] Badaró; Bottini, 2019, p. 89.
[129] "Art. 173, § 4º A lei reprimirá o abuso do poder econômico que vise à dominação dos mercados, à eliminação da concorrência e ao aumento arbitrário dos lucros" (Brasil, 1988, cap. I).
[130] "Art. 109. Aos juízes federais compete processar e julgar:
(...)
VI - os crimes contra a organização do trabalho e, nos casos determinados por lei, contra o sistema financeiro e a ordem econômico-financeira" (Brasil, 1988, cap. III).

de equilíbrio indispensável nas manifestações econômicas) traz como consequência uma sanção necessária.[131]

Dessa maneira, nota-se que a pretensão da tutela penal, no que diz respeito à ordem econômica, não almeja o alcance de todos os fenômenos nela envolvidos, mas tão só aqueles que prejudicam o seu funcionamento regular. Em outras palavras, o Direito Penal não se incumbe de regular todos os fenômenos de mercado existentes, mas somente aqueles que provocam uma ruptura desleal no funcionamento do sistema econômico.

Pela simples leitura do *caput* do artigo 170 da Constituição Federal de 1988, depreende-se que "a ordem econômica, fundada na valorização do trabalho humano e na livre iniciativa, *tem por fim assegurar a todos existência digna, conforme os ditames da justiça social* (...)".[132]

Assim, cabe ao Direito Penal reprimir as condutas que obstaculizem a promoção da mencionada finalidade, prejudicando o funcionamento da economia e afetando, especialmente, as condições propiciadoras de uma livre concorrência do mercado.

E o que se deve entender por ordem econômica? Na opinião do autor, em total concordância com as considerações de Juliana Macedo, deve ele bem ser compreendido como "o modo de ser empírico de determinada economia concreta, que representa uma dada organização",[133] de maneira que a importância do Direito Penal se dá a partir da verificação da necessidade de proteção do "correto e adequado funcionamento do mercado. Isso se justifica porque, em relação aos crimes econômicos, a lesão resultante da conduta delituosa transcende os interesses individuais dos agentes econômicos e coloca em risco o justo equilíbrio da produção, da distribuição e do consumo de bens e serviços, em determinada economia de mercado".[134]

Portanto, ao se falar de ordem econômica, está-se a referir às condições objetivas de uma dada economia concreta, em uma determinada época, essa sim digna de tutela pelo Direito Penal, já que um desequilíbrio nela provocado pode acarretar prejuízos irreversíveis à toda a sociedade. Protege-se uma economia específica propriamente dita para, somente assim, se falar em tutela da ordem econômica como um todo.

---

[131] Baldan, 2012, p. 146.
[132] Brasil, 1988, cap. I, art. 170, grifos nossos.
[133] Macedo, 2013, p. 89.
[134] Macedo, 2013, p. 89.

Exemplificando, se ocorre um abuso econômico no âmbito das indústrias moveleiras no Brasil, primeiro se fala em proteção à economia desse segmento específico, considerando todas as suas circunstâncias e as suas nuances organizacionais. É nisso que consiste, na opinião do autor, o foco do Direito Penal Econômico, mormente ao trazer o termo bem jurídico ordem econômica. Somente a partir dessa premissa é que se pode falar em uma tutela macroeconômica pelo Direito Penal.

Somente a partir do combate ao ilícito praticado no campo da economia moveleira é que se poderia falar em uma preservação da economia nacional. Primeiro, protege-se o segmento econômico – local específico do dano –; depois, protege-se a economia nacional como um todo – afetada como consequência direta do dano inicial.

Por todo o exposto, ao fim e ao cabo, verifica-se que a ordem econômica constitui elemento indissociável da própria estrutura estatal, essencial ao desenvolvimento de todas as suas políticas. Todas as formas de atividade econômica, aqui incluídas a produção, a circulação e a comercialização de bens e serviços, estão condicionadas à manutenção do equilíbrio e organização da economia de mercado, mormente no que tange ao aspecto concorrencial.

Concluindo, de modo a responder ao segundo questionamento, merece o bem jurídico ordem econômica a devida tutela pelo Direito Penal haja vista que a sua proteção assegura "a todos existência com dignidade, a partir de um modelo econômico que propicie a construção do Estado Democrático e Social de Direito, e por conseguinte, o progresso coletivo".[135]

O bem jurídico tutelado pela Lei nº 9.613/1998 é, portanto, na visão do autor, a ordem econômica, bem jurídico de natureza supraindividual, sendo a sua proteção fundamental à vida em sociedade, mais especificamente, ao regular, equilibrado e ordenado funcionamento da economia de mercado.

2.1.2 Uma análise geral sobre o tipo penal de lavagem

Uma vez estabelecidas as discussões existentes acerca do bem jurídico tutelado pelo diploma da lavagem, bem como em que ponto reside a relevância da tutela penal, passa-se ao exame do tipo penal de

---

[135] Oliveira Júnior, 2008, p. 154.

lavagem,[136] acompanhado de comentários diretamente relacionados à intenção do legislador com a tipificação da conduta.

Como se sabe, "a obtenção de uma vantagem monetariamente quantificável é um propósito que acompanha a prática de um número infindável de atividades criminosas".[137]

Isto é, com a consecução dos delitos, os agentes criminosos objetivam auferir vantagens financeiras, que podem ser utilizadas para os mais diversos fins, tais como a aquisição de carros, a aquisição de imóveis, investimentos bancários, pagamento de serviços, entre outros.

No entanto, em vista dessa prática delitiva proporcionadora de um resultado financeiro ao agente, faz-se necessário distinguir as condutas posteriores que configuram mero exaurimento do delito – representadas pelas condutas em que o agente dispõe livremente do resultado patrimonial conquistado através da atividade – daquelas condutas que de fato objetivam esconder, mascarar a origem ilícita do capital, incorporando a ele o aspecto da licitude.

É que, nas primeiras, a critério do agente criminoso, procede-se à livre disposição dos bens oriundos da atividade criminosa, ato esse que, por si só, revela-se impunível, ou seja, incapaz de conformar crime autônomo. Contudo, a livre disposição retratada pode ser considerada um risco demasiado suportado pelos agentes, haja vista que maiores atenções são despertadas pelos órgãos de controle, fazendo-os desconfiar da origem do patrimônio e iniciar, desse modo, uma apuração acerca da possível ocorrência de fato criminoso.[138]

É aqui que se vislumbra o campo de incidência do segundo tipo de conduta narrado. Buscam os agentes uma alternativa para superar o seguinte obstáculo prático: "(...) como fazer proveito do patrimônio obtido ilicitamente sem que isso desperte a atenção de terceiros (especialmente dos órgãos de controle e autoridades persecutórias do Estado) em relação ao delito anteriormente praticado, delito que constitui a verdadeira origem do patrimônio".[139]

Justamente a esse tipo de conduta é que é dirigida a tutela penal pretendida pela Lei nº 9.613/1998, que delimita, em seu artigo 1º, §§1º e 2º, que configuram o crime de lavagem de dinheiro os atos de:

---

[136] Brasil, 1998a.
[137] Callegari; Linhares, 2022, p. 17.
[138] Callegari; Linhares, 2022.
[139] Callegari; Linhares, 2022, p. 17.

> Art. 1º Ocultar ou dissimular a natureza, origem, localização, disposição, movimentação ou propriedade de bens, direitos ou valores provenientes, direta ou indiretamente, de infração penal.
> §1º Incorre na mesma pena quem, para ocultar ou dissimular a utilização de bens, direitos ou valores provenientes de infração penal:
> I - os converte em ativos lícitos;
> II - os adquire, recebe, troca, negocia, dá ou recebe em garantia, guarda, tem em depósito, movimenta ou transfere;
> III - importa ou exporta bens com valores não correspondentes aos verdadeiros.
> §2º Incorre, ainda, na mesma pena quem:
> I - utiliza, na atividade econômica ou financeira, bens, direitos ou valores provenientes de infração penal
> II - participa de grupo, associação ou escritório tendo conhecimento de que sua atividade principal ou secundária é dirigida à prática de crimes previstos nesta Lei.[140]

Nas palavras de Isidoro Blanco Cordero, conceitua-se a lavagem de dinheiro como "o processo em virtude do qual os bens de origem ilícita são integrados ao sistema econômico legal com aparência de haverem sido obtidos de forma lícita".[141]

Nessa mesma linha, Gómez Iniesta destaca que consiste o fenômeno da lavagem na "operação através da qual o dinheiro de origem sempre ilícita (procedente de delitos que se revestem de especial gravidade) é investido, ocultado, substituído ou transformado e restituído aos circuitos econômico-financeiros legais, incorporando-se a qualquer tipo de negócio como se fosse obtido de forma lícita".[142]

Por último, vejamos a conceituação dada por Callegari e Linhares:[143]

> Em nosso entendimento, a lavagem de dinheiro consiste no ato ou conjunto de atos praticados com a finalidade de conferir aparência de licitude a bens, direitos ou valores obtidos por meio da comissão de infração penal; ou seja, é a engrenagem utilizada para desvincular o ativo de sua origem penalmente ilícita, atribuindo-lhe uma aparente (e somente aparente, já que não possui correspondência com a realidade)

---

[140] Brasil, 1998a, cap. I, grifos nossos.
[141] Cordero, 2012, p. 273, tradução nossa.
[142] Gómez Iniesta, 1996, p. 21, tradução nossa.
[143] Callegari; Linhares, 2022, p. 36.

origem ilícita, que permita a utilização despreocupada do ativo pelo seu titular.

Em vista disso, percebe-se que a prática da lavagem de dinheiro pode ser assim resumida: com o objetivo de esconder das autoridades a origem ilícita dos bens, pratica o agente uma série de atividades destinadas a conferir aparência de legalidade ao patrimônio ilícito oriundo da infração penal antecedente, de modo a afastá-lo cada vez mais de sua maculada origem. O objetivo final consiste em reintroduzi-lo na economia, já sob a aparência lícita.

Isso posto, traçado o contorno geral acerca da conceituação do tipo penal, avança-se ao ponto de analisar as caraterísticas fundamentais à configuração do delito de lavagem de dinheiro, seja por meio da análise do elemento objetivo do tipo penal, seja da investigação dos elementos subjetivos que devem se fazer presentes.

Inicialmente, acerca do aspecto objetivo do tipo penal, depreende-se da leitura do *caput* do artigo 1º a imprescindibilidade de ser o bem objeto da lavagem proveniente de infração penal antecedente, aqui compreendidos os crimes e contravenções penais.

Antes das alterações promovidas pela Lei nº 12.683/2012, a redação da Lei nº 9.613/1998 previa um rol taxativo de crimes antecedentes, de forma que restava inviável a punição dos sujeitos que "maquiavam" a origem espúria de bens oriundos de infrações não dispostas na lei.

Todavia, a novel legislação não apenas eliminou o rol taxativo de delitos antecedentes como também substituiu a expressão "crime" por "infração penal", de modo que os bens originados de quaisquer crimes e de contravenções penais se tornaram passíveis de punição pelo delito de lavagem.

Em síntese, houve verdadeira ampliação do rol de delitos antecedentes, revelando novos traços assumidos pelo legislador brasileiro no que toca à orientação político-criminal adotada.

O delito de lavagem de dinheiro é tido, portanto, como um crime acessório, ou seja, que necessita da prática de infração penal antecedente (delito principal), a qual é responsável pelo aumento ilícito do patrimônio do agente.[144]

---

[144] Bueno, 2020.

Além disso, para fins de configuração da lavagem, não se exige a comprovação definitiva da ocorrência da infração penal antecedente,[145] de maneira que basta a atestação de indícios suficientes de sua existência, como estabelece o artigo 2º, §1º da Lei nº 9.613/1998.[146] Esse é, inclusive, o entendimento referendado pelos tribunais superiores.[147]

Destarte, é possível assim transcrever primeira premissa: para a configuração da lavagem de capitais é necessário a ocorrência de infração penal antecedente – crimes ou contravenções –, passíveis de incrementar ilicitamente o patrimônio do sujeito do crime. No entanto, para fins de processamento pelo delito de lavagem, é desnecessária a comprovação da ocorrência da infração antecedente, sendo suficiente a presença de indícios concretos de que ela efetivamente aconteceu.

Adiante, ainda no campo objetivo do tipo penal, percebe-se que a verificação de uma infração penal anterior não é capaz, por si só, de possibilitar a configuração da lavagem de dinheiro. É preciso também que haja um produto decorrente da infração, sendo esse justamente o objeto material do delito de lavagem.[148]

O *caput* do artigo 1º não deixa dúvidas de que o objeto material do delito recai sobre bens, direitos e valores provenientes de infração penal.

E aqui, um adendo: "o objeto de proteção da norma não são os bens, direitos ou valores em si, senão a circulação deles no mercado, com aparência de licitude, fator que impacta o adequado funcionamento da economia em geral".[149] Disso se extrai a segunda premissa acerca dos contornos objetivos do tipo penal: não basta haver infração antecedente, sendo também imperioso que dela resulte algum proveito econômico.

---

[145] Bueno, 2020.
[146] "Art. 2º O processo e julgamento dos crimes previstos nesta Lei:
(...)
§1º A denúncia será instruída *com indícios suficientes da existência da infração penal antecedente, sendo puníveis os fatos previstos nesta Lei, ainda que desconhecido ou isento de pena o autor, ou extinta a punibilidade da infração penal antecedente* (Brasil, 1998a, cap. II, grifos nossos).
[147] Vejam-se, do STJ: AgRg no AREsp nº 1.268.607/SP (6. Turma, relator ministro Rogério Schietti Cruz, julgado em 30/06/2020); APn nº 923/DF (relatora ministra Nancy Andrighi, Corte Especial, julgado em 23/09/2019; RHC nº 72.678/BA (5. Turma, relator ministro Felix Fischer, julgado em 21/08/2017); HC nº 1.380.92 (1. Turma, relator ministro Marco Aurélio, relator para o acórdão ministro Roberto Barroso, julgado em 27/04/2018).
[148] Badaró; Bottini, 2019.
[149] Callegari; Linhares, 2022, p. 135.

Por último, ainda em uma análise objetiva do tipo penal, nota-se que não há consenso na doutrina[150] acerca da natureza material ou formal do delito de lavagem, praticado sob a modalidade principal, disposta no *caput* do artigo 1º da Lei nº 9.613/1998.

Entretanto, na presente obra, acredita-se que as condutas de ocultar e dissimular os ativos provenientes da infração penal caracterizam um crime material, isto é, um crime que demanda a ocorrência de um resultado naturalístico para a sua verificação.

É que nessa modalidade "a descrição do comportamento encerra uma alteração naturalística no objeto do delito, no estado da coisa ou bem procedente da infração. Ocultar ou dissimular é ao mesmo tempo um comportamento e um resultado, uma ação e sua consequência, e ambos são elementos do tipo penal".[151]

Renato Brasileiro de Lima segue a mesma linha, concluindo pela natureza material do delito, haja vista que o resultado naturalístico ocupa o preceito primário do *caput* do artigo 1º.[152]

Ademais, no julgamento do Recurso em Habeas Corpus nº 80.816, o ministro Sepúlveda Pertence assentou em seu voto que

> (...) a lavagem de valores que acaso lograsse ocultar-lhe de modo tão requintado a natureza e a origem, que tornasse insusceptível de ser desmascarada em qualquer das fases do processo, seria o "crime perfeito" – isto é, insusceptível de ser descoberto – constituiria rematado contra-senso. *Claro, a ocultação, do art. 1º, caput, não é um crime formal, ou de mera conduta.*[153]

De tudo isso, se extrai a terceira e última conclusão a respeito do elemento objetivo do tipo penal em comento: o delito de lavagem de capitais, em sua modalidade principal,[154] é crime material cuja verificação demanda a ocorrência de um resultado naturalístico no objeto do delito. Em outras palavras, além da existência de infração penal anterior e da consequente geração de um produto, é preciso também

---

[150] Existem autores que acreditam se tratar de crime material e aqueles que acreditam se tratar de delito formal. No primeiro posicionamento, cf.: Lima, 2020, p. 663; Badaró; Bottini, 2019, p. 119. No segundo, cf.: Maia, 2004, p. 81.
[151] Badaró; Bottini, 2019, p. 119.
[152] Lima, 2020.
[153] Brasil, 2001, grifos nossos.
[154] Brasil, 1998a.

que ocorra uma alteração naturalística nesse bem, direito ou valor, tidos como objetos materiais do delito.

Por derradeiro, inserido nos contornos subjetivos do tipo penal, é de suma importância destacar que o delito em questão é exclusivamente doloso, pois, em vista da opção acolhida no Brasil,[155] representada pela excepcionalidade do tipo culposo, e não havendo previsão no tipo penal pela aceitação da modalidade culposa, impraticável seria alcançar conclusão diversa.

De acordo com a posição adotada pelo ordenamento jurídico pátrio, imprescindível que se demonstre que "o agente conhecia a procedência criminosa dos bens e agiu com consciência e vontade de encobri-los".[156]

Indo além, ao trazerem seu posicionamento acerca do elemento subjetivo necessário à configuração do tipo penal disposto no *caput* do artigo 1º, Callegari e Linhares[157] destacam a impossibilidade de punição a título de dolo eventual, consignando ser indispensável a verificação do dolo direto.

> Isso porque o *caput* é composto por dois verbos nucleares (ocultar e dissimular) que, em nosso entender, pressupõem um conhecimento a respeito da origem ilícita dos bens e um especial fim de agir, ainda que implicitamente, que seria o dar aparência de licitude para poder utilizar os bens objeto de infração antecedente.

Não obstante o entendimento mencionado, com o qual ora se compactua, a jurisprudência pátria admite amplamente a configuração desse delito quando praticado sob a modalidade do dolo eventual, isto é, quando o sujeito pode prever o resultado específico e, embora não objetive praticá-lo, se mantém em situação de indiferença e assume o risco de vê-lo concretizado.[158]

Adaptado ao tipo penal em comento, o entendimento dos tribunais possibilita o enquadramento de condutas a título de dolo eventual quando se está diante de "um contexto de suspeita robusta, no qual o agente percebe o risco efetivo de que tais bens provenham de atos

---

[155] Países como a Bélgica, Chile, Espanha, Irlanda e Suécia admitem a punição da lavagem a título de culpa.
[156] Badaró; Bottini, 2019, p. 130.
[157] Callegari; Linhares, 2022, p. 147.
[158] Callegari; Pacelli, 2017.

ilícitos, e assume a possibilidade de contribuir para um ato de lavagem de dinheiro".[159]

Portanto, embora seja admitida, no Brasil, somente a punição de condutas praticadas com dolo, prevalece o entendimento de que elas podem ser punidas tanto quando praticadas sob a configuração de dolo direto quanto de dolo eventual.

E essa flexibilização se dá, em grande parte, pelas dificuldades práticas enfrentadas na apuração do delito de lavagem e, consequentemente, na proteção efetiva ao bem jurídico tutelado pelo tipo penal.

Feito o exame minucioso do tipo penal, passa-se agora à investigação de cada uma das fases existentes no delito de lavagem de dinheiro.

2.1.3 As fases do delito de lavagem

Conforme visto anteriormente, a lavagem de dinheiro caracteriza-se por ser um processo dinâmico, que conta com a prática de uma sucessão de atos de afastamento do capital da sua origem ilícita, para que, ao final, seja possível integrá-lo à economia lícita. O delito de lavagem

> não é um delito de estrutura estática que possui determinadas e limitadas formas de ser cometido. Muito pelo contrário, pois hoje, com o avanço da tecnologia e da internacionalização das movimentações financeiras, as formas de lavar dinheiro se multiplicaram e se aperfeiçoaram, de modo que a cada dia o processo de lavagem se torna mais complexo.[160]

A conceituação sobre lavagem de dinheiro dada pelo Conselho de Controle de Atividade Financeira (Coaf) em muito auxilia a visualização do fenômeno enquanto um processo dinâmico:

> O crime de lavagem de dinheiro caracteriza-se por um conjunto de operações comerciais ou financeiras que buscam a incorporação na economia de cada país, de modo transitório ou permanente, de recursos, bens e valores de origem ilícita e que se desenvolvem por meio de um processo dinâmico que envolve, teoricamente, três fases independentes que, com frequência, ocorrem simultaneamente.
> Para disfarçar os lucros ilícitos sem comprometer os envolvidos, a lavagem de dinheiro realiza-se por meio de um processo dinâmico que requer: primeiro, o distanciamento dos fundos de sua origem, evitando

---

[159] Badaró; Bottini, 2019, p. 135.
[160] Almeida; Gonzaga, 2022, p. 155.

uma associação direta deles com o crime; segundo, o disfarce de suas várias movimentações para dificultar o rastreamento desses recursos; e terceiro, a disponibilização do dinheiro novamente para os criminosos depois de ter sido suficientemente movimentado no ciclo de lavagem e poder ser considerado limpo.[161]

Nesse sentido, doutrina[162] e jurisprudência[163] parecem ser uníssonas na adoção do entendimento de que a lavagem de capitais se divide em três fases, que são assim dispostas: i) fase de ocultação (ou colocação); ii) fase de dissimulação (ou transformação); iii) fase de integração.

Antes de adentrar ao exame de cada uma delas, cumpre esclarecer que essas fases podem ser concretizadas de maneira isolada ou concomitante, muito embora elas possam sobrepor-se em algumas ocasiões,[164] o que é comum na prática e dificulta sobremaneira a identificação do término de uma e do início da outra.[165] Aliás, Fabián Caparrós ainda acrescenta que, no âmbito da criminalidade econômica, a coincidência dessas fases é a hipótese que mais se verifica, haja vista que os mesmos instrumentos empregados para a obtenção dos bens ilícitos são também utilizados como meios de mascaramento.[166]

Ademais, é necessário ter em mente que a consumação do delito prescinde da ocorrência completa das três fases que compõem o processo dinâmico das operações destinadas à lavagem de capitais.[167] Ou seja, a consumação delitiva independe da verificação, *in casu*, de cada uma das três etapas, de modo que já é suficiente a realização da ocultação ou dissimulação dos bens espúrios, desde que praticadas com o objetivo de integrar o patrimônio ilícito à economia lícita. A

---

[161] Disponível em: https://www.gov.br/fazenda/pt-br/assuntos/prevencao-lavagem-dinheiro. Acesso em: 13 jun. 2022.
[162] Nesse sentido: Badaró; Bottini, 2019, p. 28; Callegari; Linhares, 2022, p. 45; Sanctis, 2015, p. 18; Cordero, 2015, p. 73.
[163] "O crime de lavagem de dinheiro corresponde a um processo que pode ser subdividido em três fases – a) introdução ou ocultação; b) transformação ou dissimulação e c) integração – praticadas com o objetivo de reintrodução na economia formal de valores obtidos de forma ilícita sob a aparência da licitude" (Brasil, 2019e).
[164] Cordero, 2015.
[165] Badaró; Bottini, 2019.
[166] Fabián Caparrós, 1998.
[167] Carli, 2012.

jurisprudência do Supremo Tribunal Federal (STF) parece ter consolidado tal entendimento.[168]

Passa-se à investigação das fases (ou etapas) que integram o delito de lavagem de capitais.

A primeira delas consiste na ocultação (ou colocação) dos ativos, ocasião em que "os criminosos procuram livrar-se materialmente das importantes somas de dinheiro que geraram suas atividades ilícitas".[169] É nesse momento em que busca o agente criminoso ocultar os bens de sua origem ilegal, criando mecanismos para disfarçar a ilicitude do patrimônio adquirido a partir da prática criminosa antecedente.

As formas mais frequentes de ocultação dos ativos se dão a partir de aplicações diretas no sistema financeiro e transferências para locais distintos da origem.

Nas primeiras, procuram os agentes a utilização de instituições financeiras, bancárias ou não bancárias, para introduzir o capital ilícito no sistema financeiro, sendo a prática mais comum aquela representada pela movimentação do dinheiro entre contas bancárias e aplicações financeiras de pessoas físicas e jurídicas. De igual modo, são procurados os chamados "paraísos fiscais", isto é, localidades internacionais em que existe legislação mais branda e com maior permissibilidade para movimentações financeiras.[170]

Já nas segundas, procura-se a instalação de atividades comerciais que geralmente operam com dinheiro vivo, tornando viável a mescla dos recursos ilícitos do crime antecedente aos lícitos auferidos em decorrência da atividade comercial.[171] São exemplos recorrentes a instalação de bares, restaurantes, hotéis e outras atividades típicas de comércio. Além disso, igualmente de modo a transferir os recursos de sua origem viciada, é prática também comum a colocação dos recursos em estabelecimentos financeiros tradicionais e não tradicionais, a exemplo de cassinos e casas de câmbio.[172]

Adiante, consiste a segunda fase na dissimulação (ou transformação) dos ativos ilícitos, que objetiva dificultar o rastreamento destes,

---

[168] Nesse sentido: AP nº 470 (Plenário, relator ministro Dias Toffoli, julgado em 17/12/2012); AP nº 1.003 (2. Turma, relator ministro Edson Fachin, relator p/ acórdão ministro Dias Toffoli, julgado em 19/06/2018).
[169] Callegari; Linhares, 2022, p. 46.
[170] Mendroni, 2018.
[171] Mendroni, 2018.
[172] Callegari; Linhares, 2022.

fazendo-os parecer legítimos. "Nessa fase, são realizadas operações posteriores à ocultação, cujo objetivo é eliminar os rastros da movimentação dos valores, de modo a desvinculá-los de sua origem criminosa".[173]

Jorge Gustavo Serra de Macedo Costa e João Victor Assunção descrevem que a segunda fase é

> a rigor, um aprofundamento da primeira, mediante avanço na ocultação, realizando-se diversas transações financeiras e comerciais, superpostas e combinadas, que afastam ainda mais os bens e valores de sua origem ilícita, dificultando o seu rastreamento, a fim de desvincular o sujeito ativo e o produto de origem infracional criminal.[174]

Trata-se, portanto, de dificultar o seguimento do "rastro do dinheiro" pelas autoridades estatais, empregando, na maior parte das vezes, numerosas, sucessivas e complexas operações financeiras.[175] É que, quanto mais afastado o capital espúrio da sua origem, mais eficiente será a lavagem, ou seja, quanto maior o número de operações, mais difícil será a demonstração e comprovação da sua ilicitude originária.[176]

Nessa etapa, os mecanismos de movimentação mais frequentes são encontrados nas transferências direcionadas às i) contas anônimas, normalmente situadas em países com legislação mais favorável à preservação do sigilo bancário;[177] ii) contas fantasmas; iii) empresas fictícias. Costumam também serem realizadas aquisições de bens materiais (ex: joias, veículos, obras de arte etc.) com a utilização de dinheiro, ocorrendo a sua posterior permuta ou venda, dando início a uma longa cadeia de transações destinadas a afastar o produto criminoso da sua origem.[178]

Por derradeiro, a terceira e última fase da lavagem é tida pela integração formal dos ativos à economia sob a aparência de legalidade. Em outras palavras, é o estágio final do processo de lavagem, momento em que o agente alcança o fim pretendido e busca usufruir das vantagens ilícitas como se lícitas fossem.

Nessa ocasião, basicamente, procura o agente realizar investimentos ou comprar ativos, convertendo "o 'dinheiro sujo' em capital

---

[173] Bueno, 2020, p. 97.
[174] Costa, 2023, p. 16.
[175] Callegari; Linhares, 2022.
[176] Mendroni, 2018.
[177] Mendroni, 2018.
[178] Callegari; Linhares, 2022.

lícito, adquirindo propriedades de bens, pagando dívidas, constituindo empresas e estabelecimentos lícitos, financiando atividades de terceiros, concedendo empréstimos (...)".[179] São inúmeras e incontáveis as maneiras de reinserir o capital na economia formal.

Desse modo, é possível concluir que a lavagem de dinheiro constitui, em verdade, um ciclo fenomenológico, sendo tarefa muito difícil indicar um ponto final ou último ato verificado na atuação criminosa. É que o capital tende a continuar em circulação, sendo comum a prática de novos atos posteriores à lavagem, atos esses que contribuem, em muito, para afastar o capital de sua origem espúria, bem como para dificultar qualquer tipo de investigação. A lavagem é, portanto, um processo, e não o resultado de um processo.[180]

No próximo tópico, em que pese seja a lavagem compreendida como um processo global, será investigado de que maneira os Bitcoins podem ser empregados para a consecução da atividade criminosa, conferindo enfoque, principalmente, às brechas para a utilização do criptoativo em cada uma das etapas do delito.

2.2 O uso dos Bitcoins como meio para a prática de lavagem

Antes de examinar as maneiras de inserção do ativo criptomonetário nas fases da lavagem, é necessário, primeiramente, perquirir sobre a possibilidade de os Bitcoins se enquadrarem como objeto material do delito. A conclusão será a premissa de todo este tópico. Em seguida, será também necessário rememorar as características da criptomoeda, analisadas no Capítulo 1 desta obra, a fim de verificar de que modo interferem na consecução delitiva.

Sobre o primeiro ponto, tem-se que o objeto material da lavagem são "bens, direitos ou valores provenientes, direta ou indiretamente,

---

[179] Cervini; Oliveira; Gomes, 1998, p. 321.
[180] Sobre o tema, Javier Alberto Zaragoza Aguado, Fabián Caparrós e Isidoro Blanco Cordero (2006, p. 74, tradução nossa) destacam: "A lavagem é um processo e não o resultado de um processo, dado que dificilmente pode se falar com propriedade de um objetivo – o total e absoluto desaparecimento dos traços nesse capital que possam revelar sua origem ilícita – quando a razão nos leva a pensar que esse objetivo é, de certo, tão aperfeiçoado como teoricamente inalcançável".

de infração penal", na forma preconizada pelo artigo 1º, *caput*, da Lei nº 9.613/1998.[181]

No que diz respeito ao tema, Luiz Régis Prado muito bem assinala que os

> objetos materiais do delito de lavagem são os bens, vantagens, direitos ou valores. Bem vem a ser toda espécie de ativos, seja material, seja imaterial, ou, ainda, qualquer benefício que tenha valor econômico ou patrimonial. Em termos genéricos, é tudo "o que tem utilidade, podendo satisfazer uma necessidade ou suprir uma carência", mas sempre com valor econômico. Direito é tudo que se atribui ou que pertence a determinado sujeito. Valor, em sentido econômico, "exprime o grau de utilidade das coisas, ou bens, ou a importância que lhes concedemos para a satisfação de nossas necessidades". Na verdade, a palavra bem, aqui consignada, abrange direitos, créditos ou valores.[182]

Trata-se, em verdade, de previsão genérica adotada pelo legislador, com o objetivo de conferir maior amplitude ao conceito de bens, direitos e valores previstos no tipo penal. Dessa maneira, "a vontade da lei foi a de não podar o intérprete diante da riqueza de variáveis do mundo fático",[183] isto é, de não limitar o alcance da lei em razão das inúmeras e inovadoras formas de criminalidade praticadas no mundo globalizado, muitas das vezes não acompanhadas pelos sistemas de regulação legal.

Segundo Callegari, o amplo conceito de bens já engloba os outros dois objetos materiais sobre os quais recai a conduta de lavagem de dinheiro (direitos e valores)",[184] expressando justamente "a intenção legislativa motivadora dessa criminalização de abranger as mais diversas condutas no tipo penal de lavagem de dinheiro, sem permitir com que alguma prática de ocultação ou dissimulação de um estado de ilicitude fique alheio ao âmbito de responsabilização".[185]

Percebe-se, portanto, que a grande preocupação do legislador foi impedir que eventuais lacunas legais acarretassem a impossibilidade de criminalização das condutas de lavagem, por restarem atípicas.

---

[181] Brasil, 1998a.
[182] Prado, 2019, p. 554.
[183] Filippetto, 2011, p. 137.
[184] Callegari; Linhares, 2022, p. 136.
[185] Callegari; Linhares, 2022.

Desse modo, sem aqui adentrar na categorização jurídica na qual está inserida a modalidade criptomonetária (o que será tema do próximo capítulo), há que se concluir que "a descrição típica compreende todas as possibilidades de revelação dos bens e direitos no mundo exterior",[186] de forma que os Bitcoins efetivamente se incluem no objeto material do crime de lavagem de dinheiro. Como visto, está-se diante de ativo que carrega consigo um valor próprio e que possui ampla aceitação no mercado financeiro, sendo costumeiramente empregado nesse ambiente como uma verdadeira "moeda" de troca.

Posta essa premissa, passa-se agora a analisar de que modo as características da criptomoeda podem interferir no cometimento dos crimes de lavagem de dinheiro.

Em primeiro lugar, enquanto ativo exclusivamente virtual, isto é, sem representação física, os Bitcoins se tornam grande alternativa para aqueles criminosos que não desejam lidar com enormes somas de dinheiro em papel-moeda, que dificultam consideravelmente a ocultação dos valores das autoridades de Estado.

Fugindo da criminalidade organizada anteriormente vista, esse ativo virtual facilita em muito a realização das operações, já que nenhuma movimentação física, perceptível no mundo tradicional, é exigida para a ocultação dos valores. Não há, por exemplo, necessidade de se enterrar papel-moeda, tampouco de transportar esses montantes de dinheiro através de veículos automotores.

Em segundo lugar, temos a desnecessidade de intermediários para a realização das operações, o que configura grande atrativo para a transferência de valores de origem ilícita. É que, ao contrário das transações tradicionais, em que instituições financeiras controlam as operações, os Bitcoins são transacionados de maneira direta entre as partes, sem qualquer tipo de fiscalização pelos órgãos de controle do Estado.

Em terceiro lugar, outro grande atrativo para o emprego dos Bitcoins na lavagem de dinheiro é dado pelo seu caráter global, que rompe com a sistemática burocrática adotada pelas instituições financeiras tradicionais. Em vista do "caráter transfronteiriço da tecnologia, em poucos minutos são transferidos valores para usuários estejam em qualquer ponto do globo, sendo possível que, com o uso de ATMs[187]

---

[186] Callegari, 2003, p. 131.
[187] Automated Teller Machine (ATM) é o que popularmente conhecemos no Brasil por caixa-eletrônico, que viabiliza o saque de papel-moeda nacional.

ou *exchanges*, ocorram, rapidamente, conversões em moeda soberana das mais diversas localidades".[188]

Em quarto lugar, muito embora as transações envolvendo Bitcoins não sejam anônimas, como já visto, não se mostra tarefa fácil descobrir o usuário que está por trás de cada uma delas. Em tese, para receber e enviar Bitcoins, basta que um usuário crie uma carteira (*wallet*), o que pode ocorrer em segundos ou minutos, sem ter de fornecer qualquer informação de identificação pessoal.[189] Assim, agentes criminosos possuem a sensação de que estão efetivamente acobertados pelo manto da anonimidade, fator que os motiva a utilizar o ativo para esconder o capital espúrio.

Em quinto lugar, percebe-se que o baixo custo das operações envolvendo Bitcoins pode ser outro grande atrativo para o emprego da criptomoeda nos crimes de lavagem, pois, pouco importando o valor a ser operacionalizado, as transações envolvendo Bitcoins possuem um custo fixo, sendo ele consideravelmente mais baixo do que aquele praticado nas operações realizadas por meio de instituições financeiras tradicionais.

Em sexto lugar, deve ser analisado o alto grau de volatilidade dos Bitcoins. Concorde as regras gerais de mercado, o preço do ativo é determinado pela oferta e demanda, apresentando variações significativas ao longo do tempo.

Em vista disso, se por um lado o caráter volátil da criptomoeda pode desestimular criminosos a adotá-la como mecanismo delitivo, por proporcionar risco de desvalorização demasiado ao capital ilícito originalmente auferido, por outro, pode estimular tais agentes a adotá-la como instrumento, uma vez que as dificuldades para estabelecer o preço real dos Bitcoins permitem a obtenção de ganhos artificiais, oriundos de fonte aparentemente lícita, alcançados através da simples venda do ativo.[190]

Por fim, em sétimo e em último lugar, tem-se que as operações envolvendo Bitcoins são irreversíveis, vez que todas elas são registradas de maneira definitiva no "bloco de anotações", popularmente conhecido como Blockchain.

---

[188] Bueno, 2020, p. 119.
[189] Bueno, 2020.
[190] Telles, 2020.

Tal caraterística, a nosso ver, assim como a volatilidade, possui uma dupla projeção. Por um lado, pode incrementar a atuação dos criminosos e, por outro, pode contê-los.

Sob o aspecto desfavorável à utilização dos Bitcoins pelos criminosos, como visto, todas as operações são registradas em caráter imutável na Blockchain, isto é, uma vez realizadas, permanecem lá para sempre. Dessa maneira, titulares das carteiras podem ser descobertos a qualquer tempo, e, uma vez descobertos, podem igualmente serem reveladas todas as transações das quais tenham participado.

Em contrapartida, favoravelmente, a imutabilidade das transações, além de impossibilitar a anulação de qualquer uma delas e o consequente estorno dos valores movimentados, também impede a realização de confisco e bloqueio sobre os valores, distanciando-se das constrições executadas em instituições financeiras tradicionais.[191][192]

Dessa forma, o que se nota é que, de fato, em sua esmagadora maioria, as características dos Bitcoins efetivamente favorecem a prática do delito de lavagem de dinheiro, por propiciarem condições mais atrativas para a ocultação de sua ocorrência, bem como para a seguridade do produto decorrente da infração.[193]

Por fim, passa-se agora a investigar de que maneira podem ser empregados os Bitcoins em cada uma das fases da lavagem de dinheiro, examinadas no item 2.1.3 deste capítulo.

Na primeira fase da lavagem, consistente na etapa da ocultação (colocação), podem ser obtidos Bitcoins por meio do capital proveniente

---

[191] Sobre o assunto, Callegari e Linhares (2022, p. 56-57) destacam que "outro empecilho ao combate à prática de lavagem de dinheiro nessa rede é a dificuldade de implementação das medidas assecuratórias estabelecidas no artigo 4º da lei brasileira antilavagem, que podem ser decretadas para impedir a disposição do agente lavador sobre o seu próprio patrimônio. Essa dificuldade se dá em razão da codificação privada da carteira virtual (ambiente da rede no qual se localizam as moedas virtuais de cada usuário), à qual somente o titular possui acesso".

[192] Bueno, 2020.

[193] Em conclusão diametralmente oposta, Daniele Soldatelli Ballardin (2022, p. 226) destaca que "os criptoativos são, assim, passíveis de enquadrarem como objeto material do delito de lavagem de dinheiro, porém, não fornecem uma alternativa melhor ao *modus operandi* até hoje praticado. O objetivo da lavagem de dinheiro é a criação de métodos, desde a primeira fase até a fase final, para ocultar as transações realizadas, visando o não rastreamento dos bens e valores até sua origem ilícita e a Blockchain é projetada justamente para ter um registro público de todas as transações, que são vinculadas a transação anteriormente registrada, formando uma cadeia de transações interligadas e transparentes, o que torna a lavagem de dinheiro muito mais difícil".

da prática de delito anterior, sendo tal aquisição realizada de diversas maneiras. Nesse sentido, Grzywotz afirma que

> isso pode ser feito por meio da aquisição em exchanges; em caixas automáticos de compra de BTCs com valores em espécie; em plataformas que conectam usuários para transações diretas; por meio da venda direta de bens obtidos com a prática de crimes e do recebimento do pagamento diretamente em BTC; pela aquisição direta de BTCs com o produto de crime, quando, por exemplo, a venda de drogas é remunerada em BTCs de um para outro endereço de BTC.[194]

Na segunda etapa do delito, na fase de dissimulação, objetiva-se dificultar, cada vez mais, o rastreamento do capital ilícito auferido. Para tanto, são utilizadas diferentes estratégias, sempre a fim de tornar mais seguro o proveito do crime, afastando-o de sua origem maculada.

Segundo Grzywotz, a forma mais simples de dissimulação, contudo a mais facilmente detectável, é aquela em que uma mesma pessoa gera infinitas chaves públicas, alterando o endereço dos Bitcoins, porém mantendo o controle sobre eles.[195]

No entanto, existem também formas mais complexas, isto é, que potencializam o grau de dificuldade da rastreabilidade dos recursos ilícitos, por anonimizar demasiadamente as movimentações financeiras. Nessas ocasiões, os mecanismos mais comuns são os chamados *mixing services* (ou *mixers*), que nada mais são do que ferramentas que combinam o registro de diversos usuários, impossibilitando a identificação das partes presentes na operação financeira, a dizer, o titular da carteira original e o recebedor final dos Bitcoins.[196]

Assim, com a utilização dos *mixers*, "o usuário estará enviando seu dinheiro a um serviço anônimo que, mais tarde, lhe retornará enviando a mesma quantia, porém composta por criptomoedas que pertenciam a outros usuários".[197]

Por último, na fase da integração, algumas opções são colocadas no leque de alternativas dos agentes criminosos. As principais e mais simples delas são a aquisição direta de produtos e bens e a troca de Bitcoins por moedas estatais. Entretanto, alternativas também podem

---

[194] Estellita, 2020.
[195] Estellita, 2020.
[196] Ante, 2018.
[197] Puigvert, 2016, tradução nossa.

ser adotadas, como a aquisição de novos ativos criptomonetários, em procedimentos de ICOs,[198] a realização de investimentos em mineradoras e, também, a manipulação de preços de compra e venda de Bitcoins, aptos a proporcionar ganhos artificiais aparentemente legítimos.[199]

Portanto, vislumbra-se que os Bitcoins efetivamente podem servir de instrumento para a prática de lavagem de dinheiro. A sua utilização encontra ampla adequação, como visto, em todas as fases do delito. Neste ponto, não é demais relembrar que é desnecessária a verificação de todas as etapas para a consecução delitiva, de modo que basta a ocorrência da ocultação ou dissimulação dos bens espúrios para que a figura típica reste consumada.

Em continuidade, não obstante a possibilidade de inserção dos Bitcoins em cada uma das fases do delito, é necessário investigar e identificar, com clareza, através de análises minuciosas e específicas para os casos concretos, aquelas situações em que a utilização das criptomoedas configura mero exaurimento do crime antecedente, isto é, mero usufruto do proveito obtido a partir da prática ilícita, e aquelas situações em que o agente realmente almeja praticar o crime de lavagem. A importância dessa diferenciação ocorre pois, "ao não se saber se e *em que medida* o puro uso da tecnologia pode configurar uma conduta objetivamente típica de ocultação ou de dissimulação, corre-se o risco de que imputações automáticas de lavagem de dinheiro sejam realizadas sempre que a conduta envolver transações com Bitcoins".[200]

Nesse sentido, adotando como premissa a existência de transações envolvendo criptomoedas, realizadas de maneira autônoma e posterior à obtenção do produto do crime antecedente, todas elas diretamente pelo próprio agente, isto é, sem o intermédio das *exchanges*, cumpre-nos analisar se as condutas adiante descritas são capazes, por si só, de caracterizar atos típicos de ocultação e dissimulação.

Na primeira fase do delito, tendo em vista que a ocultação, como já visto, constitui tentativa de encobrir o proveito obtido com a prática do delito antecedente, cabe investigar se a simples aquisição

---

[198] ICO é como se fosse uma espécie de IPO, só que no mundo das criptomoedas. ICO é um meio não regulamentado pelo qual um novo empreendimento, projeto de criptomoeda ou empresa tenta angariar fundos através de captação pública de recursos, para lançar esse projeto (ICO, 2020).

[199] Telles, 2020.

[200] Campana; Serra; Ribeiro, Bárbara. 2023, p. 170.

de criptomoedas, pelo agente praticante do ilícito penal antecedente, configura o crime de lavagem.

Sobre a possibilidade, em que pesem a existência de posicionamentos divergentes que sustentam a incompatibilidade entre a prática do ato típico de ocultação e o emprego da tecnologia Blockchain, presente nas transações envolvendo Bitcoins –[201] tendo em vista que todas as transações ficariam registradas permanente e imutavelmente no livro público de registros, à disposição das autoridades para rastreio –, destaca-se, desde já, que se acredita na plena compatibilidade entre a conduta típica e a utilização de criptomoedas. Tal convicção se justifica à luz do tipo penal brasileiro e da aplicação da jurisprudência, que evidenciam um incremento nos riscos do cometimento de lavagem de dinheiro a partir do uso de criptomoedas, o que demandaria a ampliação da resposta penal aplicada pelo Estado.[202]

Nesse sentido, "o fato de existir um registro da cadeia dos dados de transferência, que permite que seja rastreada, não significa que não esteja oculto",[203] podendo-se observar que "a característica da rastreabilidade não implica impossibilidade de ocultação. A finalidade e a busca de ocultação podem se dar mesmo em ambientes nos quais se permita sua descoberta – aceitar o contrário seria confabular no terreno do crime perfeito e sem praticidade penal".[204]

Assim, é plenamente possível que a consumação do delito se dê pela aquisição de criptomoedas a partir dos valores ilícitos obtidos a

---

[201] Sustentam esse raciocínio, i) Felipe Américo de Moraes (Moraes, 2022, p. 197): "Este procedimento, devido à natureza pública da Blockchain, torna possível a uma autoridade investigativa conhecer o caminho realizado pelos valores ilícitos por dentro do sistema financeiro até o destinatário da transação, bem como saber desse indivíduo a transação no sistema Bitcoin correspondente àquela troca (os 'endereços' de origem e destino daquela transação). Portanto, com essa conduta, não há uma ação corpórea do agente para 'ocultar' ou 'dissimular' alguma das características do objeto material do delito, indispensável para a configuração do delito de lavagem de dinheiro"; ii) Johana Gryzwotz, citada por Heloísa Estellita (2020, p. 4): "Um ocultar no sentido de esconder das autoridades a existência e as transações com os BTCs também não é possível porque, como visto, o histórico das transações está totalmente disponível publicamente na Blockchain. Assim, mesmo a entrega a um terceiro, quando entendida como ocultação, é rastreável até o endereço desse terceiro. Se é verdade que, pela falta de uma autoridade central, não se sabe a qual pessoa natural um endereço é atribuído, verdade que as autoridades têm pontos de partida para o descobrir, ou seja, o objeto aqui não desaparece sem deixar rastros. As transações simples também não podem se subsumir, por essas mesmas razões, à modalidade de dissimular, já que todos os remetentes e recebedores de BTCs estão registrados publicamente".

[202] Nesse sentido, cf.: Silveira; Camargo, 2021, p. 152.

[203] Campana; Serra; Ribeiro, 2023, p. 183.

[204] Silveira; Camargo, 2021, p. 154.

partir da infração antecedente, dado que a prática poderá configurar a conduta de ocultação delitiva. Explicando com clareza a possibilidade de enquadramento da conduta na etapa de ocultação, Renato Silveira e Beatriz Camargo esclarecem que

> (...) a noção de ocultar a *existência de certos valores* não se confunde com a ideia de ocultar a *procedência da transação* que permite a sua obtenção, o que, por sua vez, também se distingue da ocultação sobre a *identidade* do atual proprietário ou detentor da criptomoeda. Dessa forma, a lavagem de dinheiro pode se configurar mesmo nas hipóteses em que o agente não nega a "existência" da criptomoeda em si. Ademais, vale observar que cada modalidade de tecnologia, própria de cada tipo de criptomoeda em particular, também pode operar nesse sentido.[205]

Entretanto, a despeito da possibilidade de enquadramento no tipo penal de lavagem, por dificultar o rastreio das autoridades, é essencial observar que a mera aquisição de criptomoedas não implica, automaticamente, a incidência do tipo penal, devendo essas aquisições serem inicialmente concebidas como condutas socialmente adequadas ou, ao menos, penalmente neutras.[206] Logo, para o enquadramento típico, haverá de ser aferida a presença ou não do dolo no caso concreto, procedimento que poderá ser feito a partir de um exame sobre a relação e a proximidade entre o autor adquirente e o terceiro vendedor, assim como a partir do exame de outras circunstâncias que permitam atestar a intenção do agente quando da aquisição.

Adiante, para examinar se as operações envolvendo criptomoedas caracterizam atos típicos de dissimulação, segunda etapa do delito, deverá ser verificado se a conduta praticada verdadeiramente promove o distanciamento dos valores de sua origem maculada, disfarçando a ilicitude dos valores e, consequentemente, frustrando e/ou dificultando o seu rastreio pelas autoridades investigativas.

Como já descrito neste tópico, a prática mais comum nessa etapa consiste na utilização de ferramentas de mixagem, destinadas a anonimizar os operadores e viabilizar, por consequência, um cenário de maior privacidade para o usuário responsável pelas transações. As referidas ferramentas surgem como instrumento capaz de reduzir a rastreabilidade das operações, as quais, esclarece o Grupo de Ação

---

[205] Silveira; Camargo, 2021, p. 153.
[206] Silveira; Camargo, 2021.

Financeira Internacional (GAFI), acontecem "mediante o recebimento de instruções do usuário para a realização de transação específica com criptomoedas e realizam aquela operação mesclando-a com as operações realizadas por outros usuários, de modo a tornar incerto o destinatário original dos ativos".[207]

Destarte, tratando-se de mecanismo empregado pelo usuário "para ofuscar a relação entre remetente e destinatário da transação",[208] certo é que seu uso dificulta sobremaneira a identificação das operações efetivadas, implementando um grau de anonimização muito superior àquele observado nas simples transações criptomonetárias. Alguns estudiosos chegam até mesmo a afirmar que a utilização dessas ferramentas impossibilita, por completo, que sejam estabelecidas relações entre a criptomoeda e a sua origem.

Felipe Campana, Joyce Serra e Bárbara Ribeiro exemplificam, através de hipótese de uso da tecnologia da mixagem, a possibilidade de ocorrência de conduta de dissimulação:

> No momento em que "A" transfere os valores provenientes de infração penal antecedente de sua conta bancária para a conta bancária de "D" e recebe o correspondente em Bitcoins, mas sem que se tenha qualquer rastro – ou maiores camadas para identificar o rastro da transação – por conta do serviço de mixagem, *não há dúvida quanto ao fato de que ambos os objetos estão muito mais escondidos do que estavam antes da realização da transação.*[209]

Sobre a situação, em concordância com o posicionamento adotado pelos autores,[210] entende-se que de fato estaria, a princípio, configurada a dissimulação da origem e da propriedade dos valores, de forma a se inverter a presunção mencionada para as situações em que existe a mera aquisição de criptomoedas. Isso se justifica já que, nos casos de

---

[207] Campana; Serra; Ribeiro, 2023, p. 188.
[208] Campana; Serra; Ribeiro, 2023, p. 189.
[209] Campana; Serra; Ribeiro, 2023, p. 191, grifos nossos.
[210] "(...) no caso concreto, o uso de ferramentas de mixagem se aproxima do encobrimento com emprego de astúcia, tendo em vista o uso de um mecanismo sofisticado como a ferramenta de mixagem para encobrir a movimentação entre destinatário e remetente à origem da Bitcoin. Para ilustrar, a ocultação estaria presente, por exemplo, no envio da Bitcoin proveniente de um sequestro de ativos (da conta da vítima) para a conta de um terceiro. Uma vez encaminhada a Bitcoin da carteira do terceiro para uma ferramenta de mixagem, o conceito de dissimulação já estaria configurado" (Campana; Serra; Ribeiro, 2023, p. 192).

utilização de *mixers* nas transações de Bitcoins obtidos por meios ilícitos, presente está a manifesta intenção de impedir a descoberta dos valores e dos sujeitos envolvidos nas transações (elemento subjetivo do tipo dolo), proporcionando-se condições concretas e favoráveis para dificultar o rastreio.

Também nessa linha, Felipe Moraes assinala "que a passagem de Bitcoins de proveniência ilícita por 'serviços de mixagem', quando presente o elemento subjetivo do tipo, inequivocamente configurará o delito de lavagem de dinheiro, porque a conduta resultará na 'dissimulação' da origem e movimentação dos Bitcoins".[211] Em complemento, o autor menciona que, "após a conduta, não será possível – ou, ao menos, será significativamente mais complexo – realizar o rastreamento da origem do Bitcoin".[212]

Portanto, é possível concluir que, ao contrário da mera aquisição de criptomoedas, em que se necessita analisar minuciosamente a intenção dolosa do agente de ocultar a sua identidade e a ilicitude dos valores provenientes da infração antecedente, nos casos da utilização das ferramentas de mixagem para lidar com os Bitcoins provenientes de infrações antecedentes, é possível presumir a intenção do agente em dissimular a origem e os valores movimentados. A justificativa para tanto é que os *mixers*, necessariamente, conduzem ao incremento das dificuldades de rastreio pelas autoridades estatais, bem como viabilizam um cenário de complexidade nas transações muito maior do que aqueles vislumbrados nas formas tradicionais empregadas para distanciar os valores da origem ilícita. Aliás, os serviços de mixagem são instrumentos destinados justamente a conferir maior anonimidade a todos os elementos da transação.

Por fim, para encerrar o tópico, cumpre trazer alguns dados relevantes para esta obra, o primeiro deles levantados pela pesquisa publicada em janeiro de 2018, pela Elliptic, entidade especializada em análise de dados de criptomoedas e identificação de movimentações ilegais no sistema criptomonetário, pela pesquisa publicada em outubro de 2021, de autoria da empresa Chainalysis, especializada em criptomoedas, e pelos relatórios divulgados por essa mesma empresa, em janeiro de 2022 e fevereiro de 2023.

---

[211] Moraes, 2022, p. 204.
[212] Moraes, 2022, p. 204.

Na primeira ocasião, através de artigo desenvolvido pela própria Elliptic intitulado "Bitcoin Laundering: an analysis of illicit flows into digital currency services",[213] foram analisados dados de transferências de Bitcoins realizadas no período compreendido entre 2013 e 2016, os quais foram obtidos através do fluxo de movimentações da criptomoeda e que se tinha certeza serem diretamente ligados à prática de crimes.

Por meio da pesquisa, em síntese, concluiu-se que as transferências de Bitcoins diretamente atreladas à prática de lavagem de capitais representavam apenas 1% do montante total de operações em que se tinha a conversão de Bitcoins em moedas soberanas estatais. Ademais, a maior parte dos Bitcoins incluídos na atividade de lavagem se deram a partir do emprego de serviços de conversão fornecidos por *exchanges*.[214]

Já na segunda oportunidade, a empresa Chainalysis publicou um relatório intitulado *The 2021 Geography of Cryptocurrency Report: Analysis of Geographic Trends in Cryptocurrency, Adoption and Usage*,[215] a fim de analisar o fluxo de movimentação de criptomoedas pelo mundo, separadas por regiões e países.

Ao final da análise dos dados, constatou-se que, no período entre julho de 2020 e maio de 2021, foram movimentados em criptomoedas, na América Latina, cerca de 353 bilhões de dólares.[216] Além disso, em números gerais, o Brasil foi o país que recebeu o maior montante, somando aproximadamente 90,9 bilhões de dólares de entrada.[217]

Adiante, no dia 26 de janeiro de 2022, a Chainalysis divulgou novo relatório[218] apresentando dados indicativos de uma movimentação, no ano de 2021, de 8,6 bilhões de dólares em criptomoedas, que estariam inseridas no contexto das atividades criminosas, isto é, números praticamente 30% superiores àqueles apresentados no ano de 2020.[219]

Desde o ano de 2017, quando os dados relacionados à utilização dos Bitcoins nos crimes de lavagem de dinheiro começaram a ser contabilizados pela empresa, estima-se que o montante total empregado nas atividades, até o ano de 2021, tenha atingido 33,4 bilhões de dólares, algo em torno de 177 bilhões de reais na cotação atual.

---

[213] Fanusie; Robinson, 2018.
[214] Fanusie; Robinson, 2018.
[215] Chainalysis, 2021.
[216] Chainalysis, 2021.
[217] Chainalysis, 2021.
[218] Chainalysis, 2022.
[219] Sérvio, 2022.

Entretanto, cabe destacar que os números são pequenos quando comparados com os aproximados 800 bilhões a 2 trilhões de dólares em moeda fiduciária que são lavados anualmente pelos crimes *offline*, números estimados pela UN Office of Drugs and Crime.[220] Ademais, segundo o relatório da pesquisa, o montante envolvido nos crimes de lavagem de dinheiro contabilizara apenas 0,05% de todo o volume de transações criptomonetárias do ano de 2021.[221]

Outro dado relevante foi aquele fornecido pela empresa Messari, especializada na análise de criptomoedas, em parceria com a Chainalysis, ocasião em que se constatou que o dólar é oitocentas vezes mais empregado nas atividades de lavagem de dinheiro na *dark web* do que o Bitcoin.[222]

Em fevereiro de 2023, a Chainalysis divulgou o mais recente relatório, com números referentes ao envolvimento de criptoativos em atividades ilícitas, intitulado *The 2023 Crypto Crime Report: Everything you Need to Know about Cryptocurrency-Based Crime*. Na ocasião, foram atualizados alguns dados trazidos pela pesquisa publicada no ano anterior, dentre os quais se incluem as informações referentes ao valor total em criptomoedas lavados nos anos anteriores. É que os números mencionados nos relatórios devem ser tidos como provisórios, haja vista que, de maneira recorrente, novas operações ilícitas são identificadas.[223]

Nesse ponto, não obstante tenha sido observado um aumento do volume de criptomoedas envolvidas nos crimes de lavagem de dinheiro, atingindo-se um total de 28,3 bilhões de dólares no ano de 2022, percebe-se que o valor ainda representa percentual pouco significativo em comparação aos valores totais lavados através dos métodos tradicionais.[224]

E os resultados alcançados caminham justamente na linha do estudo que já havia sido promovido pelo Center of Sanctions and Ilicit Finance, da Foundation for Defense of Democracies, direcionado a apurar os fundos ilícitos existentes na economia de moedas criptografadas entre os anos de 2013 e 2016.[225] Na ocasião, a avaliação demonstrou que os fundos de origem ilícita consistiam em percentual inferior a 1% do total

---

[220] Chainalysis, 2022.
[221] Chainalysis, 2022.
[222] Messari, 2019.
[223] Chainalysis, 2023.
[224] Chainalysis, 2023
[225] About (...), [2023].

de fluxos, sendo certo que a porcentagem apresentou índices de queda à medida em que as criptomoedas foram encontrando maior aceitação.

Em arremate, sobre a confiabilidade da empresa americana Chainalysis, responsável pela realização das principais pesquisas e elaboração dos relatórios mencionados nesta obra, é imperioso destacar que essa foi a primeira empresa especializada a ser criada para o desenvolvimento de atividades de rastreio de Bitcoin, servindo tanto ao setor privado, inclusive no Brasil, quanto aos órgãos de governo, tais como o Federal Bureau of Investigation (FBI) e o Departamento de Segurança Interna dos Estados Unidos.[226]

Nesse intuito, a empresa desenvolveu um *software* de investigação de crimes financeiros, que funciona a partir do monitoramento do livro-razão público da criptomoeda, possibilitando uma primeira visão completa sobre as transações que constam na Blockchain. Ademais, atuando de maneira diligente, a Chainalysis foi responsável pelas maiores operações investigativas de crimes que envolveram o uso de criptoativos, auxiliando não apenas na apuração dos ilícitos e na detecção dos autores, como também na recuperação propriamente dita dos produtos criminosos deixados pelo mundo.

A escassez de pesquisas sobre os ilícitos praticados com a utilização de criptomoedas não se dá ao acaso, encontrando explicação justamente na alta complexidade das operações ilícitas e, mais ainda, na necessidade de utilização de aparatos altamente tecnológicos para a detecção dos crimes. Assim, percebe-se o porquê de ser a empresa Chainalysis a grande pioneira na implementação de pesquisas e análise de dados sobre a temática, sendo igualmente uma das únicas empresas que se tem notícia, até os dias de hoje, a executar esse tipo de trabalho. Não por outra razão, quase todas as publicações veiculadas na *internet* e que versam sobre os dados estatísticos das atividades de lavagem envolvendo criptomoedas fazem alusão aos relatórios produzidos pela Chainalysis.

Portanto, a utilização desses relatórios na presente obra se deve à alta confiabilidade das pesquisas desenvolvidas pela empresa, aliada ao fato de ser essa pessoa jurídica a referência na disponibilização de dados estatísticos relevantes sobre o tema.

Por último, a fim de reforçar a confiabilidade das pesquisas empreendidas pela Chainalysis, bem como do *software* desenvolvido

---

[226] Mancini, 2020.

pela empresa, oportuno registrar que elas são amplamente citadas em livros,[227] trabalhos acadêmicos[228] e em artigos de opinião e em notícias veiculadas na *internet*.[229]

2.3 Síntese do capítulo

Este capítulo buscou esclarecer a respeito da prática dos crimes de lavagem de dinheiro, traçando contornos que se iniciam com os aspectos gerais do fenômeno criminológico e terminam com uma análise específica acerca dos elementos imprescindíveis à configuração do tipo penal. Ademais, verificou qual o bem jurídico tutelado pela figura típica e qual a justificativa para a sua proteção.

Em seguida, investigou as etapas do delito de lavagem de capitais para que, a partir daí, fosse possível inserir a temática dos Bitcoins no contexto delitivo.

O último tópico do capítulo analisou a possibilidade jurídica de os Bitcoins se enquadrarem como objeto do delito de lavagem, bem como de que maneira as características da criptomoeda poderiam interferir no cometimento dos crimes. Após, perquiriu o modo pelo qual os Bitcoins podem ser inseridos em cada uma das fases da lavagem. Por último, trouxe contribuições estatísticas para esta obra, colacionando dados obtidos através de pesquisas desenvolvidas por instituições com alta credibilidade no mundo dos estudos sobre "criptocriminalidade".

Mais uma vez objetivando organizar as ideias e elencar importantes premissas que deverão ser observadas para a continuidade do estudo, passa-se à exposição de algumas conclusões retiradas dos temas abordados no capítulo:

1) Os Bitcoins, vistos como instrumento para a lavagem, surgem como verdadeira alternativa aos agentes criminosos para se desvencilhar das amarras proporcionadas por um Estado detentor de um poder de intervenção cada vez maior e com mecanismos de investigação cada vez mais aprimorados.
2) A lavagem de dinheiro consiste na prática de uma série de atos, sempre objetivando conferir aparência de licitude a um

---

[227] Cf.: Ballardin, 2022, p. 186; Campana; Serra; Ribeiro, 2023, p. 190; Bottini; Copola, 2023, p. 20.
[228] Cf. Paz; Pagliuso, 2023, p. 27-30; Costa, 2020, p. 27; 30; Trindade, 2021, p. 28.
[229] Cf. Bonfim, 2023; Malar, [2023]; Mendonça, 2023; Scaff, 2023; Honorato, 2023.

bem originado de infração penal antecedente e, portanto, ilícito, de forma a reinseri-lo na economia formal.

3) O delito de lavagem é classificado como crime acessório, material e que somente admite punição quando praticado sob a forma dolosa, seja ela a título de dolo direto, seja a título de dolo eventual.

4) Acredita-se que o bem jurídico que se almeja proteger no delito de lavagem é a ordem econômica, estando a importância de sua tutela diretamente ligada à necessidade de manutenção do funcionamento, equilibrado e ordenado, de determinada economia de mercado.

5) O crime de lavagem pode ser subdividido em três fases (ocultação, dissimulação e integração), que podem ser verificadas de maneira isolada ou simultânea, até mesmo sobrepondo-se em algumas ocasiões, sendo desnecessário a ocorrência completa de todas elas para a consumação delitiva.

6) Considerando a intenção do legislador ao dispor acerca do objeto material do delito de lavagem, percebe-se que os Bitcoins plenamente se amoldam a essa categoria jurídica.

7) Muito embora as características dos Bitcoins possam proporcionar algumas situações isoladas que contribuam para a identificação dos agentes criminosos, as aludidas características, em sua maioria, efetivamente dificultam a solução dos crimes praticados com a sua utilização, incentivando a ocorrência dessas atividades.

8) Impulsionadas pelas características que lhe são inerentes, inúmeras são as maneiras pelas quais os Bitcoins podem se encaixar nas fases do crime de lavagem, sendo esse fator outro grande incentivo para a utilização do ativo enquanto instrumento criminoso.

9) Não obstante a existência de inúmeras circunstâncias que favoreçam a prática da lavagem de dinheiro com o emprego de Bitcoins, pesquisas empreendidas por empresas de relevo no âmbito do mercado criptomonetário apontaram que, de todas as transações que envolveram criptomoedas, o percentual de operações ligadas à prática do mencionado crime se mostrou muito baixo, o que também ocorreu com o percentual representativo dos valores criptomonetários lavados, quando em comparação com os valores em moeda fiduciária maculados através de métodos tradicionais.

CAPÍTULO 3

A REGULAMENTAÇÃO DAS CRIPTOMOEDAS NO BRASIL E O DIREITO PENAL MODERNO

Uma vez fornecidas as explicações necessárias acerca do funcionamento das criptomoedas, em especial dos Bitcoins, bem como da configuração do tipo penal de lavagem de dinheiro, incluindo a utilização do ativo para a consecução delitiva, chega-se ao momento de direcionar as análises para a atuação do Poder Legislativo brasileiro, inserida em um contexto em que novas diretrizes são dadas ao Direito Penal.

Passa-se, portanto, ao momento de examinar como se comportou o Poder Legislativo, desde o momento em que o fenômeno das criptomoedas viralizou até o estágio atual, conferindo enfoque às propostas de regulamentação enquadradas no campo penal e ao texto final aprovado da Lei nº 14.478/2022, naquilo que tange ao uso de ativos virtuais nos crimes de lavagem de capitais.

Para tanto, além de perquirir o processo legislativo das criptomoedas, este capítulo cuidará de traçar os contornos do Direito Penal moderno, discorrendo sobre elementos fundamentais à sua compreensão, tais como o contexto da chamada *sociedade de risco* e o conceito moderno atribuído à temática dos bens jurídicos.

Aludida correlação entre o campo das leis e o campo dos fenômenos criminais recentes é essencial à compreensão acerca do porquê de o Poder Legislativo vir atuando de determinada maneira, tornando mais rígidas ou mais flexíveis as punições incidentes sobre um tipo de comportamento específico. Além disso, interligar tais elementos é fundamental para a inserção da visão constitucional que se pretende implementar no próximo capítulo.

3.1 A evolução das tentativas de regulamentação das criptomoedas no Brasil

A primeira tentativa de legislar sobre criptomoedas no Brasil ocorreu em julho de 2015, por meio da apresentação à Câmara dos Deputados do Projeto de Lei nº 2.303/2015, de autoria do deputado Federal Áureo Ribeiro (PSD/RJ).

Referido projeto objetivava, tal como se verifica da leitura de sua ementa original, dispor "sobre a inclusão das moedas virtuais e programas de milhagens aéreas na definição de 'arranjos de pagamento' sob a supervisão do Banco Central".[230]

No entanto, como é possível observar de sua redação original,[231] ainda que de maneira tímida, o Legislativo brasileiro já começava a dar sinais acerca de sua preocupação com a utilização das criptomoedas para finalidades ilícitas. É que, não obstante o maior enfoque tenha sido direcionado à possibilidade de inclusão das moedas virtuais, junto aos programas de milhagens aéreas, como modalidade de arranjos de pagamento dispostos na Lei nº 12.865/2013, houve também a tentativa de alteração da Lei nº 9.613/1998 (Lei de Lavagem de Dinheiro), pretendendo-se incluir o §4º ao artigo 11, a fim de determinar que maiores atenções fossem dispensadas, pelas pessoas físicas e jurídicas elencadas no artigo 9º da lei, às operações envolvendo moedas virtuais e programas de milhagens aéreas, que pudessem constituir indícios de crimes.

E aludida proposta de alteração na seara penal alicerçava-se, especialmente, nas informações contidas no Relatório Especial sobre Moedas Virtuais, elaborado pelo Banco Central Europeu (BCE), divulgado em outubro de 2012[232] e atualizado em fevereiro de 2015,[233] que

---

[230] Brasil, 2015a.
[231] Texto integral do projeto original:
"Art. 1º Modifique-se o inciso I do art. 9º da Lei 12.865, de 09 de outubro de 2013:
'Art. 9º (...)
I - disciplinar os arranjos de pagamento; incluindo aqueles baseados em moedas virtuais e programas de milhagens aéreas (...)'
Art. 2º Acrescente-se o seguinte §4º ao art.11 da Lei 9.613, de 03 de março de 1998:
'Art. 11 (...)
§4º As operações mencionadas no inciso I incluem aquelas que envolvem moedas virtuais e programas de milhagens aéreas (...).'
Art. 3º Aplicam-se às operações conduzidas no mercado virtual de moedas, no que couber, as disposições da Lei nº 8.078, de 11 de setembro de 1990, e suas alterações.
Art. 4º Esta lei entra em vigor na data de sua publicação" (Brasil, 2015a).
[232] European Central Bank, 2012.
[233] European Central Bank, 2015.

concluiu que as moedas virtuais "podem representar um desafio às autoridades públicas, dada a incerteza legal por trás desses esquemas que podem ser utilizados por criminosos, fraudadores e pessoas que lavam dinheiro para realizar suas operações ilegais".[234]

Em continuidade, ao longo de sua tramitação, o Projeto de Lei nº 2.303/2015 recebeu radical proposta de alteração, proposta que evidenciou a manifesta ausência de consenso acerca do direcionamento jurídico-penal a ser dado ao tema naquele momento.

Em dezembro de 2017, o deputado Federal Expedito Neto (PDB/RO), que figurava como relator da comissão especial destinada a proferir parecer sobre o Projeto de Lei nº 2.303/2015, apresentou substitutivo que visava vedar o uso de criptomoedas no Brasil, criminalizando, inclusive, a conduta de emissão ou utilização dos ativos.

Nas palavras proferidas em seu voto, o deputado afirmou:

> *Naquilo que diz respeito às moedas virtuais, digitais ou criptomoedas, decidimos nos posicionar pela proibição de emissão em território nacional, bem como de vedar a sua comercialização, intermediação e mesmo a aceitação como meio de pagamento para liquidação de obrigações no País. Para tal fim, optamos por inserir no Código Penal o tipo específico para a prática descrita no parágrafo anterior, mas deixamos aberta a possibilidade de emissão para uso em ambiente restrito, sob a responsabilidade do emissor, de moedas digitais, moedas virtuais e criptomoedas, desde que exclusivamente para a aquisição de bens e serviços oferecidos pelo emissor ou por terceiros.*[235]

No entanto, pelas informações obtidas do site da Câmara Federal, a proposta foi arquivada em janeiro de 2019 e desarquivada em março do mesmo ano, sendo que o deputado Expedito Neto deixou de integrar a comissão especial com atribuições para análise do texto.[236]

Após, ainda no ano de 2019, o autor do Projeto de Lei nº 2.303/2015, deputado Áureo Ribeiro, apresentou novo projeto de lei, o de nº 2.060/2019, cujo objetivo precípuo era o de "dispor sobre o regime jurídico dos criptoativos".[237] Em verdade, o projeto foi enorme avanço para a temática, quando comparado aos projetos legais anteriormente apresentados, uma vez que a busca pela elaboração de uma definição

---

[234] Brasil, 2015a.
[235] Brasil, 2015a, grifos nossos.
[236] Brasil, 2015a.
[237] Brasil, 2019a.

para a figura dos criptoativos, bem como pela elaboração de conceitos técnicos diretamente relacionados ao tema, afigurava-se essencial para o avanço das discussões relativas à regulamentação jurídica.

O projeto legal também deixou claras suas preocupações com a seara penal, muito embora, em linha oposta àquela perseguida pelo substitutivo supramencionado, tenham expressamente reconhecido, em seu artigo 3º, a licitude da emissão e a circulação de criptoativos no país.

Além disso, o texto legal também contou com propostas de alteração ao Código Penal e à Lei dos Crimes Contra a Economia Popular (Lei nº 1.521/1951), buscando introduzir novos tipos penais relacionados ao uso de criptomoedas para a persecução de finalidades fraudulentas.

Segundo informações do *site* da Câmara dos Deputados, o mencionado projeto de lei foi apensado ao projeto de lei primevo, de nº 2.303/2015, em abril de 2021, por se tratar de matéria correlata, intrinsecamente relacionada uma à outra. Entretanto, ainda em dezembro daquele ano, houve a desapensação automática daquele em relação a este, em face da declaração de prejudicialidade decorrente da aprovação da subemenda substitutiva global ao Projeto de Lei nº 2.303/2015.

Oportuno também mencionar que, nesse mesmo ano de 2019, foram apresentados outros dois projetos de lei, os de nº 3.825/2019 e 3.949/2019, respectivamente, de autoria dos senadores Flávio Arns (REDE/PR) e Styvenson Valentin (PODEMOS/RN).

O primeiro deles, o de nº 3.825/2019, "disciplina os serviços referentes a operações realizadas com criptoativos em plataformas eletrônicas de negociação", direcionando-se à regulação das atividades desempenhadas pelas empresas que realizam a intermediação de operações envolvendo criptomoedas e moedas fiduciárias, popularmente conhecidas como criptocorretoras ou (*exchanges*).[238]

Dentre as suas propostas, destacam-se, no campo penal, aquelas destinadas a alterar i) a Lei nº 9.613/1998, para incluir as criptocorretoras no rol de pessoas jurídicas obrigadas a adotar cuidados especiais na prevenção à lavagem de dinheiro; ii) a Lei nº 6.385/76, para dispor que não se tratam os criptoativos de valores mobiliários; iii) a Lei nº 7.492/86, para criar o crime de gestão fraudulenta de criptocorretoras.

Já o segundo, de maneira bem semelhante ao primeiro, almejava tratar das mesmas disciplinas, com o objetivo principal de regular as

---

[238] Brasil, 2019c.

exchanges e, de igual modo, incluí-las no rol de pessoas jurídicas obrigadas a desenvolver atividades de prevenção à lavagem de dinheiro.[239] Recentemente, em abril de 2022, ambos os projetos foram arquivados, julgados prejudicados em razão da aprovação da Emenda Substitutiva nº 6 pelo Plenário do Senado Federal.

Por derradeiro, em 17 de junho de 2021, foi apresentado o Projeto de Lei nº 2.234/2021, de autoria do deputado Victor Hugo (PSL/GO), que pretendia, dentre outras providências, "aumentar a pena do crime de lavagem de dinheiro praticado por meio da utilização de criptomoedas".[240] Por se estar diante de temática que guarda especial relação com o objeto de investigação da presente obra, o próximo tópico se dedicará à análise do texto legal do projeto, bem como da sua tramitação legislativa.

Antes de passar a esse exame, é imperioso mencionar que o Projeto de Lei nº 2.303/2015, que iniciou as discussões sobre a regulamentação dos criptoativos, recebeu ao longo de sua tramitação o apensamento de inúmeros outros projetos de lei que tratavam de matérias correlatas. Foi somente em 8 de dezembro de 2021, em sessão deliberativa extraordinária na Câmara dos Deputados, que houve a aprovação da subemenda substitutiva global ao projeto de lei, com encaminhamento do texto final ao Senado Federal.[241] Entretanto, haja vista que a aprovação do substitutivo pelo Plenário do Senado Federal, ocorrida em 26 de abril de 2022, se deu com a realização de algumas alterações ao texto, o projeto legal retornou à Câmara dos Deputados, recebendo nova numeração, nº 4.401/2021.[242]

No dia 29 de novembro de 2022, o tema foi levado à deliberação pela Mesa Diretora da Câmara dos Deputados, sendo nessa mesma data aprovada a redação final do Projeto de Lei nº 4.401/2021, encaminhado à presidência da República para sanção.[243] Por derradeiro, o projeto de lei foi sancionado pelo presidente da República, ocasião em que seu texto final foi convertido na Lei nº 14.478, de 21 de dezembro de 2022.[244]

---

[239] Brasil, 2019d.
[240] Brasil, 2021b.
[241] Brasil, 2015a.
[242] Brasil, 2021c.
[243] Brasil, 2021c.
[244] Brasil, 2021a.

Conforme dispõe o artigo 14 da Lei nº 14.478/2022, o diploma legal entraria em vigor após decorridos 180 dias de sua publicação oficial, o que, como visto, se deu em 21 de dezembro de 2022.

3.1.1 O Projeto de Lei nº 2.234/2021 e a Lei nº 14.478/2022

De maneira similar a esta obra, o Projeto de Lei nº 2.234, apresentado ao Plenário da Câmara dos Deputados em 17 de junho de 2021, tratou especialmente da temática da utilização de criptomoedas nos crimes de lavagem de dinheiro.

Nesse diapasão, com o objetivo de alterar a redação da Lei nº 9.613/1998, a proposta legal buscou atribuir uma nova causa de aumento de pena ao tipo penal de lavagem de capitais (um terço a dois terços), incidente nas hipóteses em que houvesse o emprego de criptomoedas para o cometimento do delito.

Dessa maneira, a redação do artigo 1º da Lei nº 9.613/1998, que especifica o tipo penal da lavagem, restaria alterada para assim prever: "Art. 1º - (...) §4º *A pena será aumentada de um a dois terços, se os crimes definidos nesta Lei forem cometidos* de forma reiterada, ou por intermédio de organização criminosa, ou *por meio da utilização de criptomoedas*".[245]

No que tange a esse ponto específico, o autor da proposta, deputado Victor Hugo (PSL/GO), apresentou justificativa para a propositura do projeto, iniciando sua argumentação através da exposição dos seguintes dados:

> Inicialmente, cumpre destacar que *a maioria das operações de lavagem de dinheiro no mundo acontece através de apenas algumas centenas de endereços que utilizam contas de criptomoedas*.
> Um novo relatório da Chainalysis, empresa de pesquisa e análise de segurança em Blockchain, indica que 270 contas de criptomoedas são responsáveis pela conversão de 55% dos fundos ilícitos. A reportagem ainda cita que "as atividades acontecem convertendo as moedas digitais adquiridas de maneira ilegal para dinheiro convencional, sem registrar dados pessoais dos usuários.[246]

---

[245] Brasil, 2021b, grifos nossos.
[246] Brasil, 2021b, grifos nossos.

Por essa razão, concluiu:

> Importante destacar que, *atualmente, ainda não há controle adequado sobre as transações envolvendo criptomoedas. Sendo assim, enquanto não estabelecido tal controle, mostra-se necessário o endurecimento das penas para a prática do crime de lavagem de dinheiro com a utilização de criptomoedas.*[247]

Logo, percebe-se que o autor do projeto de lei, ao apresentar a justificação da propositura, inicia sua argumentação fazendo menção aos resultados expostos pela empresa Chainalysis, por meio de um relatório, documento que é exatamente o mesmo daquele mencionado no Capítulo 2 desta obra.

Entretanto, desde já, cumpre rememorar que, na contramão do que consta na justificação, os dados trazidos no item 2.2 deste livro indicaram que a utilização de criptomoedas nas atividades de lavagem de dinheiro ainda constitui percentual ínfimo, isto é, consideravelmente baixo. Inclusive, a mesma empresa Chainalysis chegou a apontar em seu relatório que, no mesmo ano de 2021, em que houve a apresentação do aludido projeto de lei, os valores em criptomoedas relacionados às atividades criminosas totalizaram 8,6 bilhões de dólares, representando percentual irrisório quando comparado aos estimados 800 bilhões a 2 trilhões de dólares que costumam ser lavados anualmente através de métodos tradicionais.

Adiante, no tocante à conclusão exposta na justificação, qual seja, a de que o endurecimento das penas é o método apropriado para suprir a ausência de controle pelas instituições sobre as operações envolvendo criptomoedas, há que se fazer uma ressalva, que será devidamente esmiuçada no próximo capítulo: não podem as mudanças nas leis penais, promovidas pelo Poder Legislativo, serem encaradas imediatamente como as soluções mais adequadas e eficientes ao acompanhamento da evolução das tendências criminosas da sociedade.

Em arremate, igualmente importante destacar que, quanto ao trâmite legislativo, o projeto de lei em referência, após ser apresentado ao Plenário da Câmara dos Deputados, foi devidamente apensado ao Projeto de Lei nº 2.303/2015, que figura como responsável pela regulamentação dos inúmeros temas atrelados às criptomoedas. Em seguida, após o apensamento, em dezembro de 2021, a referida proposta de

---

[247] Brasil, 2021b, grifos nossos.

incremento de pena foi aprovada, nos idênticos termos da original, na forma da subemenda substitutiva global ao Projeto de Lei nº 2.303/2015, adotada pelo relator da comissão especial, deputado Expedito Neto (PSD/RO).

Em vista disso, encaminhou-se o texto final ao Senado Federal, que recebeu nova numeração, qual seja, nº 4.401/2021. Após debates e análises de relatórios, em 26 de abril de 2022, o Plenário do Senado Federal aprovou o projeto de lei recebido, promovendo, contudo, alterações em alguns dispositivos, na forma do substitutivo apresentado pelo relator, senador Irajá Silvestre (PSD-TO).

Acerca da matéria versada na proposta de lei ora em comento, houve sútil alteração na redação final aprovada pelo Senado Federal. É que, ao contrário do texto inicialmente encaminhado ao órgão, houve a alteração do dispositivo para prever a substituição do termo "criptomoeda" por "ativo virtual". Vejamos a nova redação:

> Art. 1º (...)
> §4º A pena será aumentada de 1/3 (um terço) a 2/3 (dois terços) se os crimes definidos nesta Lei forem cometidos de forma reiterada, por intermédio de organização criminosa ou por meio da utilização de ativo virtual (NR).[248]

Desse modo, é possível verificar que, diante das alterações, passaram a perfazer as condições para a incidência da causa de aumento de pena aquelas condutas típicas de lavagem concretizadas com o emprego de ativos virtuais.

Por fim, como já destacado, após a aprovação no Senado, o projeto de lei em referência, que tramitou sob o nº 4401/2021, foi devidamente aprovado pelo Plenário da Câmara dos Deputados, em seguida, sancionado pelo presidente da República e convertido na Lei nº 14.478/2022.

A redação final da alteração ora em destaque foi aprovada nos exatos termos aqui já mencionados, tal como já havia sido aprovada pelo Senado Federal, constando expressamente no artigo 12 da Lei nº 14.478/2022. Desse modo, uma vez decorridos 180 dias da publicação oficial da mencionada Lei, o artigo 1º, §4º, da Lei nº 9.613/1998 passou efetivamente a prever que, nos crimes de lavagem de dinheiro, "a pena será aumentada de 1/3 (um terço) a 2/3 (dois terços) se os crimes

---

[248] Brasil, 2021c.

definidos nesta Lei forem cometidos de forma reiterada, por intermédio de organização criminosa ou por meio da utilização de ativo virtual".

Ademais, em que pese não ser diretamente do objeto principal desta pesquisa, outras alterações e implementações normativas muito importantes trazidas pela Lei nº 14.478/2022 merecem ser aqui pontuadas, a começar pela regulação das prestadoras de serviços virtuais, também conhecidas por *exchanges*, que somente poderão funcionar no país mediante prévia autorização de órgão ou de entidade da administração pública federal, nos termos estabelecidos pelo próprio órgão ou entidade.[249] No entanto, nas hipóteses em que os ativos virtuais representem valores mobiliários, a Comissão de Valores Mobiliários (CVM) permanecerá com atribuição exclusiva para exercer o papel regulamentador.[250]

Ainda no campo regulatório, a lei também traz uma definição para o termo "ativo virtual", conceituando-o como "a representação digital de valor que pode ser negociada ou transferida por meios eletrônicos e utilizada para realização de pagamentos ou com propósito de investimento", excluindo desse grupo alguns grupos de bens, tais como moedas nacionais ou estrangeiras, moedas digitais, ativos consistentes em valores mobiliários, entre outros.[251]

Já no campo penal, a novel legislação trouxe mudanças igualmente relevantes, a exemplo da criação de um tipo penal específico, tido como uma nova modalidade de estelionato, representado pela "fraude com a utilização de ativos virtuais, valores mobiliários ou ativos financeiros", cuja pena é de reclusão, de 4 a 8 anos, que agora consta no Código Penal, em seu artigo 171-A.[252]

Sobre a temática da lavagem de dinheiro, para além da já mencionada causa de aumento de pena, objeto deste livro, a lei também instituiu a obrigação das prestadoras de serviços de ativos virtuais de se submeterem aos mecanismos de controle previstos na Lei nº 9.613/1998, incluindo-as, desse modo, na categoria de grupos que desenvolvem suas

---

[249] Brasil, 2022a.
[250] Brasil, 2022a.
[251] Brasil, 2022a.
[252] Brasil, 2022a, art. 10. Sobre essa alteração, cabe ponderar que recaem inúmeras críticas à criação do tipo penal. Nesse sentido, "ao criar tipo especial, a Lei nº 14.478/2022 desloca o resultado naturalístico exigido pelo estelionato ("obter vantagem ilícita em prejuízo alheio") para o elemento subjetivo do tipo ("com o fim de obter vantagem ilícita em prejuízo alheio"), ampliando o seu alcance na medida em que bastará ao gestor atuar com a intenção de provocar prejuízo para que exista crime" (Lago; Rossi, 2023, p. 127).

atividades em um espectro sensível ao delito de lavagem de capitais.[253] Com essa alteração, os gestores e dirigentes das *exchanges* passam a ficar sujeitos à responsabilização administrativa e, até mesmo, à responsabilização criminal.

Por derradeiro, igualmente na seara penal, foi promovida a alteração da Lei nº 7.492/86, ocasião em que se procedeu à equiparação, para fins de responsabilização penal, das pessoas jurídicas, representadas por operadoras de serviços de operações de ativos virtuais, às instituições financeiras.[254] Dessa maneira, o principal impacto prático será a possibilidade de responsabilização criminal dos gestores de *exchanges* pela prática dos crimes descritos na Lei nº 7.492/86.

3.1.2 Uma breve análise crítica geral

Conforme visto ao longo dos últimos tópicos, a temática regulatória dos Bitcoins começou a ser efetivamente discutida pelo Poder Legislativo em meados do ano de 2015, passando por mudanças significativas até a presente data. E, muito embora o desfecho dado ao tema seja bastante recente, foi possível constatar que algumas ideias pareciam já estar amadurecidas há algum tempo, a exemplo da licitude do uso propriamente dito das criptomoedas, premissa de todo este livro.[255]

Inicialmente, em que pese o debate tenha sido entabulado para definir questões atreladas ao uso de moedas virtuais em programas de milhagens aéreas, o que se pôde observar foi uma rápida e radical alteração desse contexto deliberativo, consistindo as preocupações legislativas subsequentes em pautas diretamente ligadas à natureza jurídica das criptomoedas, às obrigações legais atribuíveis às criptocorretoras, e aos impactos penais desencadeados pelo uso de criptomoedas sob determinadas circunstâncias.

No entanto, não obstante a importância inerente a cada um dos pontos debatidos a respeito do tema, tem-se que, adotando como termo

---

[253] Brasil, 2022a.
[254] Brasil, 2022a. Sobre a alteração: "havendo, assim, lacuna legal no que se refere à equiparação das prestadoras de serviços virtuais a instituições financeiras e existindo motivos que justificam alteração legislativa, é bem-vinda a alteração trazida pela Lei nº 14.478/2022 nesse ponto" (Lago; Rossi, 2023 p. 132).
[255] Sobre o tema, o Superior Tribunal de Justiça (STJ) já decidiu que, ainda que ausente a regulamentação das criptomoedas, a sua negociação, por si só, não caracteriza os crimes tipificados na Lei nº 7.492/86 (Lei dos Crimes Contra o Sistema Financeiro Nacional) e na Lei nº 6.385/76 (lei que dispõe sobre o mercado de valores mobiliários), visto se estar diante de ativos que não possuem valor regulamentado (Brasil, 2018).

inicial a data da propositura do primeiro projeto de lei (nº 2.303/2015), mais de 7 anos foram necessários para que houvesse a conclusão do processo legislativo e, consequentemente, a publicação da Lei nº 14.478/2022. Isto é, mais de sete anos foram necessários para que fosse legalmente regulamentada a temática das criptomoedas, ocasionando, durante o período, forte insegurança e aflição nos operadores do setor de criptoativos[256] e, reflexamente, em toda a população.

Em vista dessas exposições, percebe-se que, infelizmente, o Brasil se encontrou durante muito tempo em situação de inquestionável atraso regulatório, especialmente quando comparado aos países que apresentam maiores índices de desenvolvimento.[257] Logo, de modo a minimizar os danos decorrentes da ausência de regulamentação legal do tema, fazia-se urgente e essencial que o Congresso Nacional finalizasse o processo legislativo. Ainda restam muitas dúvidas e lacunas normativas a serem preenchidas no campo das criptomoedas, porém é incontestável que um grande passo foi dado sob o ponto de vista regulatório.

Ultrapassado esse período marcado pela insegurança regulatória, chega o tempo de olhar adiante! A Lei nº 14.478/2022 foi sancionada em momento extremamente oportuno, mormente em razão da criação de um cenário de instabilidade mercadológica decorrente da verificação de inúmeros casos de crimes e de associações criminosas constituídas para a perpetração de fraudes com o uso de criptomoedas e tecnologias semelhantes.

Ao impor regras de responsabilização para as agências prestadoras do serviço de criptomoedas e para o órgão regulador, é possível concluir que a Lei nº 14.478/2022 logra potencializar a confiança de investidores, garantindo a eles maior previsibilidade, segurança e transparência, impulsionando o crescimento do mercado cripto como um todo.[258]

---

[256] Campos, 2020.
[257] Campos, 2020.
[258] Nesse sentido: "(...) verifica-se que a regulação das *exchanges*, com imposição de normas de conduta e atuação, contribui para o cenário de mitigação dos riscos inerentes à atividade econômica lastreada em criptoativos, com vistas à busca pela solidez e eficiência das operações intermediadas, tutelando-se, desta forma, a política econômico-financeira estatal, propiciando um ambiente de confiança à atuação e operação das VASPs, visando à atenuação do perigo à própria existência e forma da atividade desse relevante segmento econômico" (Paz; Pagliuso, 2023, p. 29).

Assim, com o objetivo de fornecer maior segurança jurídica aos operadores e provedores de serviço do mercado de criptomoedas, a Lei nº 14.478/2022 se preocupou bastante com temas de ordem regulatória, contudo, não parou por aí. As contribuições no campo penal foram também muitas, reforçando a grande preocupação do legislador com a repressão aos crimes praticados no contexto das operações criptomonetárias, especialmente diante da necessidade de fortalecer o processo de consolidação do mercado de criptomoedas. Neste ponto, cabe destacar que as recomendações de organismos internacionais especializados na prevenção e no combate à lavagem de dinheiro encontram-se em total sintonia com as alterações promovidas.

Diante das alterações, é possível concluir que "a regulamentação das atividades prestadas por empresas que atuam com ativos virtuais não apenas beneficia o próprio mercado como traz segurança jurídica para a incidência de tipos penais".[259]

E, em que pese se entenda que a simples criação normativa e a regulação das atividades econômicas não sejam suficientes, isoladamente, para ensejar o término das práticas criminosas, o avanço na fixação de parâmetros de controle das atividades desenvolvidas pelas empresas que atuam no setor é de fato inegável, contribuindo efetivamente para a proteção da ordem econômica.

André Vinicius Paz e Roberto Garcia assim elucidam as contribuições trazidas pela Lei nº 14.478/2022 no que tange aos impactos penais:

> Importante medida da Lei 14.478 à contribuição de mitigação dos crimes de lavagem de dinheiro praticados mediante a utilização de criptoativos foi a inclusão das *exchanges* no rol das pessoas obrigadas pela cooperação no combate à criminalidade, por meio da imposição legal dos deveres de guarda e sistematização de informações sobre seus usuários e serviços prestados, incluindo o registro das transações com criptoativos, de informação às autoridades competentes sobre atividades suspeitas de lavagem efetuadas a partir de suas instituições e de desenvolvimento de sistemas de compliance que facilitem o cumprimento das normas impostas.[260]

Agora, mais especificamente sobre os desafios que ainda restam, há que se remeter à efetivação das normas veiculadas pela lei,

---

[259] Lago; Rossi, 2023, p. 133.
[260] Lago; Rossi, 2023, p. 30.

sendo imprescindível ter ciência de que o combate efetivo aos crimes praticados no contexto das criptomoedas só será eficaz caso ocorra a regulamentação de todo o setor, bem como caso haja o supervisionamento efetivo das operações criptomonetárias e da comunicação obrigatória das operações suspeitas aos órgãos de controle. Como exemplo de regulamentação, há que se mencionar a importância e urgência de normativas específicas destinadas à proteção dos ativos virtuais e à redução dos riscos de furto de ativos e de incidência de atividades de *hackers*, especialmente nas *exchanges*.

Como já mencionado, o mercado de criptoativos é marcado pela rapidez dos avanços e pela sua dinamicidade, sendo certo que as normativas regulatórias deverão ser constantemente revistas e atualizadas, sob pena de quedarem obsoletas ou mesmo de inibirem o crescimento sustentável desse mercado. Ademais, quanto aos próprios criptoativos, "para além das dificuldades na conceituação, qualquer definição de ativos virtuais e de sua natureza jurídica corre o risco de se tornar obsoleta em pouco tempo", sendo certo que "as transformações tecnológicas dificultam a captura do fenômeno em palavras ou expressões precisas, o que afeta a delimitação do objeto de estudo e, por conseguinte, o método para sua identificação, classificação e avaliação".[261]

Outro desafio que ainda será enfrentado nesse ramo alude à natureza transnacional dos criptoativos, que são operacionalizados de maneira instantânea e sem barreiras ao redor do mundo, tornando complexa a aplicação de uma única legislação. Assim, no que tange à jurisdição competente para deliberar sobre o tema, a cooperação internacional será de extrema importância para superar lacunas regulatórias e conflitos normativos.

Por derradeiro, para o autor deste livro, as tentativas de regulação, sejam elas decorrentes da Lei nº 14.478/2022, sejam elas decorrentes de dispositivos legais a serem ainda produzidos, devem sempre objetivar proporcionar segurança jurídica à população, mormente aos usuários desse complexo mercado, conferindo enfoque direto aos grupos de usuários que estão mais vulneráveis aos efeitos do sistema. E tal posicionamento se encontra em total consonância com o daqueles que creem que as tentativas de regulação devem se voltar aos limites de atuação dos agentes intermediários do mercado das criptomoedas, sendo ineficaz qualquer tentativa maior de regulamentar de fato as

---

[261] Bottini; Copola; Carvalho, 2023, p. 19.

criptomoedas, visto que foram criadas justamente a fim de constituir um mercado descentralizado, capaz de se autorregular.[262] Há um desafio constante a ser superado pelo legislador nesse ramo da regulação jurídica: ao mesmo tempo que se deve proporcionar segurança jurídica aos usuários e aos prestadores de serviço do mercado cripto, deve-se igualmente evitar intervenções mais concretas que prejudiquem o desenvolvimento de inovações tecnológicas, essenciais e inerentes a um segmento dinâmico como esse.

3.1.3 Um apontamento específico sobre a Lei nº 14.478/2022: a regulamentação das transferências de ativos entre carteiras privadas

Dado o direcionamento estabelecido pela Lei nº 14.478/2022, referente à regulamentação das instituições intermediadoras para fins penais, um ponto merece especial destaque: a ausência de regulamentação das transferências de ativos entre carteiras privadas.

Como já exposto alhures, o cometimento do crime de lavagem de capitais por meio da utilização de ativos virtuais é plenamente possível tanto sob o ponto de vista fático, dada a possibilidade de adequação dos criptoativos a cada uma das fases do delito, como do ponto de vista jurídico-regulatório, haja vista a viabilidade de enquadramento dos ativos enquanto objeto material do crime de lavagem.

Somado a isso, o caráter global dos ativos, consubstanciado na natureza instantânea e transfronteiriça das transações, potencializa ainda mais a operacionalização dessa tecnologia ao redor do mundo, criando obstáculos de fato relevantes às autoridades responsáveis pelo controle das atividades. Combater a criminalidade nesse segmento, portanto, afigura-se uma tarefa mundial, sendo certo que países e blocos econômicos já vêm adotando medidas próprias para frear a utilização de criptoativos destinados ao cometimento de crimes de lavagem.

Nesse sentido, já no ano de 2013, pouco tempo após o surgimento dos criptoativos, o Departamento de Conformidade de Crimes Financeiros dos Estados Unidos, por meio da Financial Crime Enforcment Network (FinCen),[263] elaborou normativa destinada a obrigar a todos

---

[262] Adotam tal posicionamento Rodrigues; Teixeira, 2021.
[263] O objetivo da Financial Crime Enforcment Network (FinCen) é o de "salvaguardar o sistema financeiro de uso ilícito e combater a lavagem de dinheiro e promover segurança

que utilizavam criptoativos para a realização de operações financeiras, que observassem o regramento estabelecido pelo Bank Secrecy Act, tido como uma normativa nacional, de natureza federal, que elenca imposições voltadas à minoração dos riscos de lavagem de capitais.[264] Na ocasião, instituiu-se a obrigação de que as plataformas e sujeitos intermediadores de criptoativos, popularmente conhecidos como *exchangers* e *administrators*, que realizam operações de compra e venda dos ativos em moedas tradicionais, fossem submetidos aos regramentos gerais antilavagem dos Estados Unidos,[265] especialmente à obrigação de seguir os modelos de registros de Money Service Business (MSB).

Recaem sobre os sujeitos e empresas incluídos na categoria dos Money Service Business (MSB) a obrigação de implementar programas antilavagem, que possuem como algumas de suas diretrizes "a incorporação de políticas, procedimentos e controles internos escritos; treinamento que inclua o preparo para a detecção de transações suspeitas e a previsão de uma revisão independente para monitorar e manter um programa adequado". Há também previsão para a instituição de "uma política *Know-Your-Costumer*, com obrigações, de finalidade preventiva, de dever de obtenção e guarda de dados sobre os seus clientes".[266]

A adoção de tais medidas mostrou-se extremamente alinhada com o direcionamento estratégico traçado pelo Grupo de Ação Financeira Internacional (GAFI)[267] [268] no ano de 2015, momento em que o grupo constatou que os criptoativos possuíam, de fato, potencial de majorar os riscos de cometimento do delito de lavagem de ativos.

Em continuidade, no ano de 2018, avançando nas pesquisas sobre ativos virtuais e criminalidade, o GAFI elaborou a Recomendação nº 15, com o objetivo de instruir os países membros do grupo a regular

---

nacional pela coleta, análise e disseminação de inteligência financeira e uso estratégico das autoridades financeiras" (What (...), [2023], tradução nossa).

[264] Carvalho; Cruvinel, 2023.
[265] Carvalho; Cruvinel, 2023.
[266] Avelar; Cavalcante, 2023, p. 73.
[267] O GAFI "é uma organização intergovernamental cujo propósito é desenvolver e promover políticas internacionais de combate à lavagem de dinheiro e ao financiamento do terrorismo. Assim, o GAFI realiza avaliação dos países membros, de tempos em tempos, acerca da implantação de medidas previstas nas suas diretrizes" (Ballardin, 2022, p. 160).
[268] "Inicialmente o GAFI era composto por onze estados-membro, mas, desde então, o grupo sofreu expansão e atualmente possui trinta e nove membros efetivos, vinte e oito membros observadores – como os Bancos Centrais, Fundo Monetário Internacional e Organização Mundial das Alfândegas – e nove agrupamentos regionais com *status* de membros associados" (Ballardin, 2022, p. 160).

as atividades dos agentes intermediadores de criptoativos e moedas tradicionais. O objetivo da recomendação era justamente o de combater a prática do delito de lavagem de ativos através da utilização das novas tecnologias, transmitindo a ideia, em síntese, de que "para gerenciar e mitigar os riscos emergentes dos ativos virtuais, os países devem garantir que os provedores de serviços de ativos virtuais sejam regulamentados para fins de ALD/CFT, licenciados ou registrados e sujeitos a sistemas eficazes para monitorar e garantir o cumprimento das medidas relevantes exigidas no GAFI recomendações".[269]

Ainda no mesmo ano, a União Europeia (UE) expediu a 5ª Diretiva Antilavagem de Dinheiro, a qual estabeleceu uma série de medidas voltadas à prevenção da utilização do sistema financeiro para a prática do delito de lavagem de capitais ou de financiamento ao terrorismo. Na ocasião, a diretiva estabeleceu, especialmente, que seus membros deveriam introduzir legislações internas voltadas à regulamentação das intermediadoras de operações entre moedas fiduciárias e criptomoedas.

A primeira providência da diretiva consistiu na inclusão dos prestadores de serviço de intermediação de moedas fiduciárias e criptomoedas no rol de sujeitos obrigados a adotar medidas preventivas no campo da lavagem, e, na mesma ocasião, foram estabelecidos alguns padrões de conduta a serem seguidos pelos prestadores de serviço ligados à moeda eletrônica. Nota-se, aqui, a preocupação do bloco econômico com as operações de compra e venda envolvendo moedas fiduciárias e criptoativos na Europa.[270]

Ademais, muito embora a 5ª Diretiva tenha proposto a conceituação de moedas virtuais (criptomoedas) e prestadores de serviços de custódia de carteiras, somente atribuiu medidas preventivas, no campo da lavagem, aos grupos que efetivamente realizassem a intermediação de moedas fiduciárias e moedas virtuais,[271] deixando de fora grande parte das operadoras do sistema criptomonetário.

A título de exemplificação, já no ano seguinte, o ordenamento jurídico da Itália acatou as recomendações veiculadas na 5ª Diretiva da União Europeia, e, por meio do Decreto Legislativo nº 125/2019, promoveu alterações na legislação interna para incluir a definição de criptomoedas na lei e fixar os prestadores de serviços atrelados a

---

[269] Guimarães, 2023, p. 112.
[270] Brecht; Silva, 2023.
[271] Brecht; Silva, 2023.

carteiras digitais ou criptomoedas no rol de sujeitos obrigados à adoção de medidas antilavagem.[272][273]

Neste ponto, oportuno expor o avanço da legislação italiana quando comparada à 5ª Diretiva da União Europeia, haja vista que, no que tange ao combate à lavagem de ativos praticada com o uso de criptomoedas, enquanto a diretiva limitou-se a impor obrigações antilavagem somente aos intermediadores de operações envolvendo criptomoedas e moedas fiduciárias, o diploma italiano introduziu os prestadores de serviços de criptomoedas e custódia de carteiras nesse rol de sujeitos obrigados à adoção de medidas antilavagem.[274]

Feitas essas exposições, percebe-se que, não obstante algumas diferenças em pontos específicos, o direcionamento dado pelos Estados Unidos da América, por meio de seu Departamento de Conformidade de Crimes Financeiros, pelo GAFI e pela União Europeia, incluindo aqui as alterações legislativas já implementadas pela Itália, são bastante semelhantes, podendo-se verificar uma tendência ao tratamento das criptomoedas no Direito Comparado.[275]

Recentemente, como já visto, com a aprovação da Lei nº 14.478/2022, o Brasil também aderiu a essa tendência mundial, já sob discussão legislativa desde o ano de 2015, estipulando regras e critérios que versam, especialmente, sobre a prestação de serviços de ativos virtuais. O diploma

> estabelece regras e critérios para o funcionamento das empresas que oferecem troca entre ativos virtuais e moedas, transferência, custódia ou administração desses ativos virtuais ou de instrumentos que possibilitem seu controle, ou participem em serviços financeiros ou prestação de serviços relacionados à oferta por um emissor ou venda de ativos virtuais.[276]

---

[272] Sobre o tema, "importante destacar que o Decreto Legislativo nº 90/2017 já havia inserido os prestadores de serviços relacionados à conversão de criptomoedas em moedas de curso forçado no rol de sujeitos obrigados do Decreto Legislativo nº 231/2007. Assim, o ordenamento jurídico italiano ampliou o rol dos prestadores de serviço relacionados a criptomoedas, que possuem obrigações de cumprir medidas de prevenção à lavagem de dinheiro, para além da atividade de câmbio com moedas fiduciárias" (Brecht; Silva, 2023, p. 100).
[273] Brecht; Silva, 2023.
[274] Brecht; Silva, 2023.
[275] Carvalho; Cruvinel, 2023.
[276] Bottini; Copola; Carvalho, 2023, p. 21.

Os artigos 2º e 4º da mencionada lei determinaram a obrigatoriedade de autorização oficial para o regular funcionamento das prestadoras de serviços virtuais, acrescentando a necessidade de que estejam alinhadas com as regras e diretrizes estabelecidas pela administração pública federal. Destaca-se, para este estudo, a prevenção à lavagem de dinheiro.

O artigo 5º da lei[277] estabeleceu quais seriam as pessoas jurídicas consideradas prestadoras de serviços de ativos virtuais, sendo complementado pelo artigo 12, que, ao promover alterações sobre a Lei nº 9.613/1998 (Lei de Lavagem de Capitais), dentre outras coisas, instituiu a obrigação das prestadoras de serviços de ativos virtuais de se submeterem aos mecanismos de controle previstos na Lei de Lavagem. Ainda, para além de submeter os gestores e dirigentes das *exchanges* à responsabilização administrativa, bem como à responsabilização criminal, a alteração legislativa igualmente impôs o dever de que as prestadoras de serviços colaborem na prevenção à lavagem de dinheiro, procedendo-se, dentre outras condutas, ao recolhimento de informações sobre seus clientes, assim como à denúncia de atos suspeitos ao Coaf.

Portanto, em vista das exposições trazidas até aqui, percebe-se que as atenções direcionadas ao combate à lavagem de dinheiro, não apenas na esfera mundial, como no próprio cenário brasileiro, voltaram-se, exclusivamente, às prestadoras de serviços de ativos virtuais, revestindo-se na atribuição de deveres específicos a essas plataformas.[278] Não obstante, nada se dispôs a respeito do controle das transações entre carteiras privadas, isto é, diretamente entre os seus detentores,

---

[277] "Art. 5º - Considera-se prestadora de serviços de ativos virtuais a pessoa jurídica que executa, em nome de terceiros, pelo menos um dos serviços de ativos virtuais, entendidos como:
I - troca entre ativos virtuais e moeda nacional ou moeda estrangeira;
II - troca entre um ou mais ativos virtuais;
III - transferência de ativos virtuais;
IV - custódia ou administração de ativos virtuais ou de instrumentos que possibilitem controle sobre ativos virtuais; ou
V - participação em serviços financeiros e prestação de serviços relacionados à oferta por um emissor ou venda de ativos virtuais" (Brasil, 2022a).

[278] Nesse sentido, "(...) os provedores de serviços de criptoativos titularizam esses ativos propriamente ditos, mas registram, em seus sistemas internos, a quantidade de criptoativos por eles custodiados em nome de seus clientes. Esses provedores operam como intermediários entre a descentralização experimentada pelos criptoativos e a verticalização do sistema monetário tradicional. Isto é, eles desempenham o importante papel de ponto de contato desse grupo de ativos, cujo controle não é centralizado pelo Estado, ao plano não virtual. Por esse motivo, elas têm sido objeto de novas regulações ao redor do mundo" (Carvalho; Cruvinel, 2023, p. 34).

operações essas que, como já exposto no Capítulo 2, podem verdadeiramente viabilizar a prática do delito de lavagem.

Assim, "embora as atenções dos organismos internacionais, órgãos regulatórios e autoridades de persecução penal se voltem sobretudo para a regulação das *exchanges*, ainda assim resta grande interesse, e dúvida, sobre a verificação da potencial responsabilidade penal daquele que utiliza as criptomoedas".[279]

Nesse ponto, não se nega que as aludidas prestadoras de serviços ocupam papel essencial no desenvolvimento e expansão desses ativos virtuais, haja vista que são responsáveis por potencializar a sua disseminação, proporcionando maior liquidez ao mercado dos criptoativos. Nessa linha, as plataformas são responsáveis pela divulgação e publicização dos criptoativos, atraindo o ingresso de novos usuários.[280]

Tampouco se desconhece que as transações intermediadas pelas prestadoras de serviços, popularmente conhecidas como *exchanges*, representam o maior volume de transações envolvendo criptomoedas. A título de exemplo, por meio do relatório fornecido pela empresa Chainalysis no ano de 2022, observou-se que, desde o ano de 2017, aproximadamente 33 bilhões de dólares foram lavados por meio da utilização de criptomoedas, sendo a maior parte dessa quantia enviada para *exchanges* centralizadas.[281]

O relatório da mesma empresa, publicado no ano de 2023, identificou ainda que, no ano de 2022, 4 *exchanges* receberam depósitos de mais de 1 bilhão de dólares de origem ilícita.[282]

Entretanto, apesar dos holofotes terem recaído sobre as prestadoras de serviço de ativos virtuais, há que se considerar que as transações que ocorrem diretamente entre as partes podem representar modalidades que atentam até mesmo de modo mais agressivo contra o bem jurídico, haja vista que, tornando mais complexas as operações, especialmente no quesito da anonimidade, tornam igualmente mais remotas as chances de detecção do ilícito e de seus respectivos responsáveis.

Sobre as maiores dificuldades práticas em apurar as denominadas transações *peer-to-peer*, quando comparadas àquelas realizadas por intermédio das *exchanges*, Pierpaolo Cruz Bottini assim esclarece:

---

[279] Silveira; Camargo, 2021, p. 166.
[280] Silveira; Camargo, 2021.
[281] Chainalysis, 2022.
[282] Chainalysis, 2023.

Quando as transações são feitas por meio de *exchanges* – como dito, prestadoras de serviço de guarda e câmbio de moedas virtuais – ainda é possível controlar e identificar os usuários, a depender das regras às quais tais instituições estão submetidas na jurisdição na qual atuam. No entanto, como exposto, nem todas as operações são efetuadas por meio dessas instituições. Os usuários das moedas digitais podem criar suas próprias carteiras de *moedas virtuais* e negociar seus ativos *diretamente*, sem a intermediação das *exchanges*, nas já citadas transações *peer-to-peer* ou 2P27, o que dificulta a identificação dos operadores e beneficiários dos recursos.[283]

Dessa forma, enquanto, hipoteticamente, "a passagem de criptoativos por *exchanges* facilitaria o trabalho da autoridade policial na tarefa de atribuir nomes aos pseudônimos registrados na rede, bem como em casos de necessário bloqueio dos ativos",[284] a passagem de criptoativos diretamente entre carteiras privadas dificultaria a ação dessas autoridades, seja por inexistir regulação sobre essas operações diretas, seja pelas próprias dificuldades de identificação inerentes à natureza das carteiras privadas.

É que "as carteiras privadas não possuem informações pessoais sobre aqueles que as detêm, isto é, não revelam o nome, o endereço, o e-mail de acesso, o número IP (Internet Protocol) ou qualquer outra informação que possibilite a individualização do transmissor dos dados".[285] Acrescenta-se que "o código em si não contém ou comporta a inclusão dos dados pessoais do titular do endereço".[286]

Além disso, ante a ausência de regulamentação específica, o controle dessas operações entre carteiras privadas, a ser implementado pelo Estado, depende sobremaneira dos próprios possuidores dos criptoativos, uma vez que, sem a contribuição destes, as autoridades sequer tomam conhecimento da sua existência.[287] Há inegável facilidade de ocorrência da ocultação da titularidade dos ativos.

É possível concluir, dessa maneira, que a imposição de deveres e obrigações unicamente às prestadoras de serviços de ativos virtuais resolve, apenas em parte, os obstáculos comumente enfrentados pelos órgãos e autoridades de Estado, pois, para além de serem vislumbradas

---

[283] Bottini, 2022, grifos nossos.
[284] Ballardin, 2022, p. 185.
[285] Campana; Serra; Ribeiro, 2023, p. 178.
[286] Estellita, 2019, p. 4.
[287] Avelar; Cavalcante, 2023.

dificuldades ainda maiores à identificação dos ilícitos e de seus autores, quando comparada às transações que envolvem *exchanges*, tem-se que as operações entre carteiras privadas ainda não contam com nenhuma regulamentação específica.

O fenômeno já vem sendo identificado também pela doutrina estrangeira, que afirma que, quanto aos problemas gerados pelo anonimato, a regulação sobre as prestadoras de serviços de ativos virtuais somente os resolverá parcialmente,

> pois não pode passar despercebido que os proprietários de moedas virtuais podem seguir realizando operações fora desses provedores, de forma que essas operações fiquem fora da abrangência das normas antilavagem de dinheiro. É dizer, por exemplo, que poderão seguir transacionando entre particulares sem nenhum tipo de controle.[288]

Sem o intuito de trazer qualquer resposta necessariamente correta a respeito da des(necessidade) de regulação das transferências entre carteiras privadas, acredita-se que a alternativa que melhor se coaduna com a intenção regulatória demonstrada pelo legislador brasileiro nos últimos tempos, é aquela que consiste na elaboração de normas direcionadas ao controle de informações, pelo Estado, acerca da espécie de ativo virtual em posse de cada indivíduo, bem como de seu montante respectivo.

Muito embora se saiba que os criptoativos foram criados para escapar do controle estatal, não se pode, sob o pretexto de ameaça ao mercado "cripto" e às características inerentes aos ativos, tais como a descentralização, anonimidade e globalidade, deixar de regular os ativos residentes em carteiras privadas, possivelmente transacionados diretamente com outras partes, bastando a validação da transação por um de seus usuários para a concretização da operação. Como já visto, essa modalidade de transação se afigura uma metodologia eficiente e amplamente adequada para fugir das regulações antilavagem existentes no ordenamento.

Se é certo que o Poder Legislativo brasileiro adotou uma postura ativa no combate à lavagem de dinheiro praticada por meio da utilização de ativos virtuais, não há que se medirem esforços para garantir a proteção do bem jurídico, devendo proceder-se, como já dito, à criação

---

[288] Cardoso, 2019, p. 30, tradução nossa.

de normas que efetivamente possibilitem o controle adequado de informações, pelo Estado, acerca dos ativos em posse de cada indivíduo e de seu respectivo volume.

Não se nega estar diante de um tema complexo, que compreende muitas visões, bem como que descreve situação de evidente colisão entre direitos fundamentais. Sem a pretensão de esgotar o assunto, nem mesmo de especificar quais seriam as normas ideais ao combate à lavagem de ativos, este tópico apenas se propõe a sugerir que é de fato necessária a adoção de uma postura ativa, pelo Legislativo brasileiro, no que tange à regulamentação das transferências entre carteiras privadas, sendo uma alternativa razoável o direcionamento de normas que possibilitem o controle adequado de dados pelo Estado, de modo a implementar deveres que se estendem a todos os detentores de ativos, pessoas físicas e jurídicas.

A prestação de informações pelos particulares, caso efetivamente atendida por eles, representa modalidade de intervenção pouco invasiva na vida privada de cada um, mas que proporciona, no entanto, ganhos inestimáveis ao Estado, que estará em posse de dados relevantes sobre os ativos virtuais, aptos a possibilitar, ainda que de modo incipiente, um controle adequado sobre as operações realizadas diretamente entre as partes privadas.

3.2 O Direito Penal moderno à luz da Constituição Federal

Tendo em vista as exposições de projetos normativos trazidas até aqui, percebe-se que muito se debateu e ainda se debate a respeito do papel a ser ocupado pelo Direito Penal no mundo dos Bitcoins. No entanto, muito embora as discussões tenham despertado maiores atenções com o passar dos anos, parece ter de fato prevalecido o entendimento de que se faz necessária uma regulamentação, cada vez mais rigorosa, das atividades modernas que ocasionam dificuldades de acompanhamento pelos órgãos de controle.

Nesse diapasão, antes de introduzir a visão constitucional ao tema tratado nesta obra e, assim, analisar a compatibilidade do artigo 1º, §4º, da Lei nº 9.613/1998 com a Constituição Federal, o que será feito no próximo capítulo, é fundamental entender primeiramente quais são os novos direcionamentos conferidos ao campo penal, as razões norteadoras da atividade de criação normativa, os fenômenos atuais vivenciados em nossa sociedade, a criação de riscos merecedores de tutela penal, entre outros aspectos relevantes à compreensão do cenário hodierno e sua interface com o Direito Penal.

Isso se justifica porque se presencia um contexto de expansionismo do Direito Penal, marcado pela ressignificação de entendimentos, principalmente sobre os bens jurídicos dignos de tutela. Nesse sentido, acerca das tendências político-criminais, destaca que, "se o Direito Penal é um instrumento qualificado de proteção de bens jurídicos, então a sua expansão obedece, ao menos em parte, à aparição de novos bens jurídicos, novos interesses ou de novas valorações de interesses preexistentes".[289]

Acerca das funções e da importância do contexto no qual se desenvolve, "o Direito Penal e seus institutos caracterizam-se como mecanismos de controle social e, por isso, recebem os valores e cumprem os objetivos do modelo social em que se inserem (...)".[290]

Dessa forma, passam as energias do Direito Penal a ter de se expandir, realocar, sendo utilizado como instrumento estatal de prevenção de condutas hipoteticamente arriscadas, transferindo-se para áreas de atuação que nunca lhe foram comuns.

Vivencia-se um novo momento do Direito Penal, marcado pelo enrijecimento da postura do poder público na criação de normas e sanções, tudo isso destinado ao aumento ou, até mesmo, à recuperação da credibilidade do Estado perante a sociedade.

Em vista disso, em um momento no qual esse ramo do Direito tem se adaptado para cumprir os objetivos do modelo político-social em que está inserido, inafastável se mostra a necessidade de calcular bem os riscos, sejam eles os oriundos da própria atividade que se almeja regular, sejam eles provenientes dos efeitos práticos proporcionados pela própria regulamentação.

Para melhor compreender os novos contornos do Direito Penal e o fenômeno expansionista que se observa, essencial a explicação acerca da denominada sociedade de risco, bem como sobre a interpretação moderna dada à temática dos bens jurídicos.

---

[289] Budó; Falavigno, 2020, p. 6.
[290] Bottini, 2019, p. 21.

3.2.1 O contexto da sociedade de risco

A fim de introduzir o significado de *sociedade de risco*, Ulrich Beck esclarece:

> Na modernidade tardia, a produção social de riquezas é acompanhada sistematicamente pela produção social de riscos. Consequentemente, aos problemas e conflitos distributivos da sociedade da escassez sobrepõem-se os problemas e conflitos surgidos a partir da produção, definição e distribuição de riscos científico-tecnologicamente produzidos.[291]

E nesse novo contexto, surge também um novo fenômeno econômico, que revoluciona condições mercadológicas existentes e, dessa maneira, desencadeia importantes transformações na esfera social, cultural, tecnológica e política. No entanto, trata-se de um fenômeno multifacetado, que ocorre não apenas em virtude de alterações no contexto econômico, mas de todo o feixe de relações sociais, aqui englobadas as mudanças culturais e políticas.[292]

A globalização deixa suas marcas, evidenciando um novo estágio marcado pela supressão de fronteiras políticas e econômicas, pelo livre e acelerado trânsito de pessoas, capitais, mercadorias e serviços, inclinando-se a nova ordem mundial para a derrubada de condições que obstaculizem o livre comércio. Nesse sentido, o Estado passa a perder força e consequentemente seu protagonismo regulamentador, ficando à mercê das regras de mercado vigentes e de normativas internacionais.[293]

A volátil mobilidade de capitais somada à rapidez da propagação de informações marcam as bases do novo modelo capitalista, de modo que "a economia global passa a ser caracterizada não apenas pelo livre comércio de bens e serviços, mas, de forma cada vez mais acentuada, pela maximização do intercâmbio negocial".[294]

Para Silva Sánchez,

> a sociedade atual aparece caracterizada, basicamente, por um âmbito econômico rapidamente variante e pelo aparecimento de avanços tecnológicos sem paralelo em toda a história da humanidade. O extraordinário desenvolvimento da técnica teve, e continua tendo, obviamente,

---

[291] Beck, 2011, p. 23.
[292] Pedroso, 2017.
[293] Silva, 2005.
[294] Guzella, 2008, p. 3072.

repercussões diretas em um incremento do bem-estar individual. Como também as têm a dinâmica dos fenômenos econômicos. Sem embargo, convém não ignorar suas consequências negativas.[295]

O desenvolvimento de novas tecnologias e de novos métodos de produção científica confere maior rapidez e dinamismo às atividades econômicas, demandando, contudo, que maiores cuidados sejam empreendidos por funcionários das organizações, aqui fazendo-se referência desde o primeiro ao último escalão das empresas.[296]

O fenômeno que transforma o panorama mundial possui como características o imediatismo e a ausência de controle, promovendo também efeitos prejudiciais à humanidade, sendo estes ainda parcialmente compreendidos. Há a inegável criação de novos riscos, figurando como sujeito passivo toda a coletividade.[297]

Isso se justifica porque a velocidade de implementação de novas técnicas científicas, bem como da própria descoberta dos métodos, não se mostra capaz de ser acompanhada pelo conhecimento científico, ocasionando incertezas sobre os efeitos das inovações e sobre os perigos que podem advir da aplicação de novas práticas no processo produtivo. Aqui se pode falar na geração de riscos.[298]

Evidencia-se, portanto, que a sociedade de risco nada mais é do que uma reconfiguração da sociedade moderna,[299] de modo que é "uma opção que se pode escolher ou rejeitar no decorrer de disputas políticas. Ela surge na continuidade dos processos de modernização autônoma, que são cegos e surdos a seus próprios efeitos de ameaças".[300]

No entanto, deve ser observado que, se por um lado as modificações promovidas pela reconfiguração do modelo de Estado conferem novas diretrizes para a organização do sistema econômico, de igual modo servem como parâmetro para a elaboração da política criminal de combate à criminalidade econômico-financeira, que fica em evidência com a chegada desse estágio da globalização.[301]

---

[295] Sánchez, 2002, p. 28-29.
[296] Bottini, 2019.
[297] Guzella, 2008.
[298] Bottini, 2019, p. 34.
[299] Guimarães; Machado, 2017.
[300] Beck; Giddens, 1997, p. 16.
[301] Pedroso, 2017.

A recente e alterada organização social passa a demandar do poder público soluções para a já mencionada "crise dos riscos", momento em que o ente estatal recorre à esfera penal para conter os efeitos indesejáveis ocasionados pela "nova" ciência. Em outras palavras, por meio da atuação do Estado, a geração de riscos atribui nova tarefa ao Direito Penal, que passa por uma necessidade de readaptar seus institutos, de maneira a reforçar e tornar mais eficaz a proteção dos bens jurídicos mais vulneráveis nesse novo contexto.

Na visão comum, o Direito Penal clássico, oriundo de um contexto manifestamente distinto, passa a ser visto como um mecanismo obsoleto, e, portanto, incapaz de fornecer respostas adequadas aos riscos advindos dessa recém-chegada organização social. E "o clamor por uma atuação mais extensa do Direito Penal, especificamente, decorre da aparente incapacidade de atuação de outros meios de controle social".[302]

O Direito Penal tradicionalmente concebido avança para uma nova fase, invadindo áreas de atuação jamais imaginadas, tudo isso a fim de viabilizar a superação de desafios para garantir a segurança da sociedade.

Nas palavras de Linia Machado e Rejaine Guimarães,

> o "novo Direito Penal", no contexto de uma sociedade contemporânea globalizada caracterizada pelos riscos produzidos, representa a inauguração de uma nova era do Direito Penal Clássico. *Assim, a vida na sociedade de risco torna a sociedade suscetível a riscos até então desconhecidos, influenciando o Direito Penal Clássico e pressionando-o a uma situação expansionista a fim de que se alcance segurança e fomentando a criação de um Direito Penal do Risco, dogmática segundo a qual o recrudescimento da lei e medidas punitivas são imprescindíveis para aumentar a segurança dos cidadãos,* ainda que em detrimento dos direitos humanos e das garantias penais e processuais dos acusados pela prática de delitos que coloquem em risco a sociedade global.[303]

Desse modo, verifica-se o surgimento, na sociedade contemporânea, do Direito Penal de Emergência, que, ao atender às novas demandas de criminalização, "cria normas de repressão, afastando-se, não raras vezes, de seu importante caráter subsidiário e fragmentário,

---

[302] Bottini, 2019, p. 69.
[303] Guimarães; Machado, 2017, p. 2, grifos nossos.

assumindo uma posição claramente punitivista, ignorando as garantias fundamentais do cidadão".[304]

Cresce nesse novo contexto de riscos a "crença na capacidade de intimidação pelas penas, revalorizando-se a prevenção geral através de sanções de natureza penal frente a condutas de determinados grupos de pessoas, representando 'fontes de perigo', e que devem ser combatidas a qualquer custo (...)".[305]

E aqui, há que se atentar para um fenômeno que pode ser denominado como "paradoxo do risco", justificado da seguinte maneira:

> A demanda social pela expansão do Direito Penal não postula a ruptura do modelo produtivo, não requer mudanças drásticas nas estruturas econômicas, mas, ao mesmo tempo, e em uma aparente incoerência, requer a supressão de um elemento basilar para a manutenção desse sistema – o risco.[306]

Assim, ao mesmo tempo que a sociedade demanda o desenvolvimento de técnicas científicas mais avançadas e por constatações mais céleres, também requer a atuação do ente estatal para salvaguardar os interesses sociais de maior relevância que podem ser lesados justamente em decorrência dos resultados inerentes ao mencionado avanço científico-tecnológico.

É gerada a seguinte dicotomia:

> (...) pede-se ao Direito Penal que seja um "ordenamento de liberdade", limitativo dos poderes do Estado na intervenção junto da sociedade, porque esta é a melhor forma de proteção dos direitos dos cidadãos; em contrapartida, pede-se que seja, igualmente, um "ordenamento de segurança", exigindo-se do Direito Penal que amplie os poderes do Estado, em nome da proteção, advindos destes novos riscos sociais.[307]

Dito de um modo mais simplificado, ainda que indiretamente, requer a sociedade a produção de riscos e, ao mesmo tempo, a minoração ou eliminação destes.

Contudo, há que se ter muita cautela, haja vista que inafastável é a conclusão de que os riscos jamais poderão ser eliminados por

---

[304] Guimarães; Machado, 2017, p. 3.
[305] Guimarães; Machado, 2017, p. 4.
[306] Bottini, 2019, p. 71.
[307] Guzella, 2008, p. 3073.

completo pelo Direito Penal. Desse modo, recorrer ao Direito Penal como mecanismo principal de enfrentamento aos riscos pode significar o mesmo que conferir papel simbólico a esse ramo do Direito, afastando-o de suas funções basilares, tão somente para satisfazer os anseios populares de segurança.[308]

Há que se analisar detidamente os impactos gerados pela aplicação de penas, bem como examinar sistematicamente aquelas condutas que realmente merecem olhares sob a ótica penal. Não se pode retirar do Direito Penal o seu amparo dogmático, colocando em xeque a sua legitimidade. Enxergar o Direito Penal como instrumento da política, associado a finalidades eleitorais, afigura-se como fenômeno deveras preocupante, gerando uma contundente insegurança jurídica.

Por fim, cumpre destacar que o "Direito Penal dos Riscos" também promoveu alterações sobre a conceituação dogmática de bem jurídico, especialmente porque novas esferas de proteção penal passaram a existir.

O próximo tópico será dedicado à compreensão dos bens jurídicos e o dever constitucional de promover a sua devida tutela.

3.2.2 O dever constitucional de tutela dos bens jurídicos

Em primeiro lugar, como premissa do que será adiante discorrido, mais do que dizer que estamos um Estado de Direito, marcado pela busca em garantir os direitos individuais e liberdades públicas, é possível falar que estamos diante de um verdadeiro Estado Constitucional, em que impera a primazia da Constituição.[309]

Como já brevemente introduzido no item 2.1.2 desta obra, ao desenvolver uma de suas atividades típicas, qual seja, a de intervenção na vida dos indivíduos, é necessário que o Estado se baseie em uma política criminal criteriosa a respeito daquilo que se deve seguramente punir, trazendo a Constituição, além disso, a exigência de que se avalie a existência de uma concreta proteção ao bem jurídico.[310]

No entanto, cabe rememorar que, sob a ótica penal, não se está aqui a tratar de qualquer bem jurídico, mas somente daqueles mais importantes, efetivamente dignos de proteção, cabendo ao Direito Penal a hercúlea missão de "proteger os valores elementares da vida

---

[308] Bottini, 2019.
[309] Ishida, 2021.
[310] Ishida, 2021.

em comunidade".[311] Inclusive, associando o direito penal à temática dos bens jurídicos, prevalece até hoje o postulado "de que o crime constitui lesão ou perigo de lesão a um bem jurídico".[312]

Tamanha é a importância da teoria do bem jurídico e desse modelo de crime como ofensa a um determinado bem jurídico, que tais configurações "afirmaram-se, ao longo do tempo, como critérios de delimitação não só da matéria de incriminação, como dos próprios contornos da respectiva tutela".[313]

Sobre o conceito de bem jurídico, Toledo há muito já o conceitua como sendo os "valores ético-sociais que o Direito seleciona, com o objetivo de assegurar a paz social, e coloca sob sua proteção para que não sejam expostos a perigo de ataque ou a lesões efetivas".[314] E há que se ter em mente que esse conceito ainda se encontra extremamente aplicável, podendo ser acrescido, entretanto, de um elemento fundamental: os bens jurídicos constituem valores ético-sociais aos quais os seres humanos atribuem importância em um contexto específico, ou seja, em uma determinada época.

Nessa linha, atribuindo importância ao momento vivenciado por cada sociedade em um contexto específico, Luciano Feldens descreve que os bens jurídicos, antes de serem incorporados pelo Direito, "se fazem constituídos como tais na consciência social, extraídos que são nos costumes vigentes em uma determinada sociedade e, por consequência, de suas necessidades".[315]

Isso quer dizer que, como visto no tópico anterior, uma vez diante do surgimento acelerado de novas tecnologias, valores e perspectivas sociais, percebe-se também a existência de novos riscos, originando, com isso, novas preocupações para o ser humano. Com isso, novos tipos de lesão e de riscos de lesão a bens jurídicos já anteriormente tutelados passam a ser produzidos. Inclusive, pode-se até dizer que novos bens jurídicos são também originados em razão das alterações da modelagem social e dos valores que passam a ser cultivados por aquela determinada sociedade.

Portanto, verifica-se que as mudanças empreendidas na conformação da sociedade continuamente repercutirão na valoração atribuída

---

[311] Feldens, 2002, p. 40.
[312] Feldens, 2002, p. 29.
[313] Bechara, 2009, p. 16.
[314] Toledo, 2015, p. 16.
[315] Feldens, 2008.

aos bens jurídicos, de modo a se enxergar o Direito sempre como algo dinâmico, isto é, como uma ciência que necessita acompanhar as novas estruturas sociais. Resumidamente, conforme a organização social vai mudando, o ser humano passa a requerer a tutela estatal sobre novos valores, e estes devem, caso em consonância com o comando constitucional, serem devidamente protegidos.[316]

É nesse contexto que se percebe uma mudança na utilização da categoria dos bens jurídicos no mundo contemporâneo, fenômeno assim abordado por Válter Kenji:

> Um interessante fenômeno ocorre no Direito Penal moderno. Se até a segunda metade do século XX, o princípio da proteção de bens jurídicos ou o próprio conceito de bens jurídicos era usado como critério de crítica e limitação do legislador, na atualidade, tal conceito ou princípio passa a ser utilizado como justificativa da intervenção do Direito Penal, principalmente em relação aos bens supraindividuais. A confirmação da confiança na norma não se perfaz pelo efeito intimidatório da pena aos potenciais criminosos, mas sim pela sua indispensabilidade. Com a pena, busca-se o consenso nas expectativas comportamentais dos membros da sociedade, desenvolvendo-se um modelo de pena cuja função é exercitar o reconhecimento da norma.[317]

Assim, em que pese a orientação tradicional direcionar a categoria dos bens jurídicos penais à condição de fiéis limitadores do poder do Estado no exercício de sua atividade punitiva, percebe-se que o contexto hodierno modifica essa percepção, servindo os bens jurídicos como legitimadores de uma intervenção penal cada vez mais rigorosa.

---

[316] Sobre a delimitação de novas objetividades jurídico-constitucionais modernas e o merecimento de tutela pelo direito penal, Luciano Feldens (2008, p. 41) destaca: "parece-nos adequado reconhecer que a penalização de determinada conduta – sob a perspectiva do bem jurídico tutelado – agregará tanto mais em seu favor a presunção de legitimidade constitucional quanto mais referente mostrar-se instituída à proteção de um bem ou valor de residência constitucional. Essa nos parece uma razão suficiente para não mais se duvidar, pelo menos em gênero (no que se refere ao objeto de tutela), da legitimidade da penalização de condutas atentatórias a bens jurídicos transindividuais que receberam incorporação constitucional, circunstância a já denotar sua essencialidade, como, por exemplo, *ordem econômica, tributária, e sistema financeiro*. Ademais, atente-se que estruturas político-normativas desse quilate enfeixam uma relação de significados na qual se contém, para além do interesse público *stricto sensu*, o interesse e a expectativa de todos os sujeitos sociais hoje dependentes de seu hígido funcionamento. Essa observação é demonstrativa de que o legislador, ao erigir determinados bens jurídicos coletivos à categoria de objetividades jurídico-penais não está procedendo a uma artificiosa criação de bens jurídicos "sem conteúdo"; esses bens são tão reais e referíveis à pessoa como os tradicionais bens jurídicos individuais".

[317] Ishida, 2021, p. 46.

Trata-se de uma verdadeira inversão do papel atribuído aos bens jurídicos enquanto categoria norteadora do Direito Penal, passando a serem utilizados como fundamento para a criação de tipos penais e para o endurecimento de penas. De fato, ocorre uma ruptura com a função tradicional garantista do bem jurídico, verificando-se uma desconstrução de sua concepção limitadora em razão da implementação do fenômeno de alargamento do Direito Penal.[318]

Uma explicação bastante precisa e resumida sobre o fenômeno pode ser assim apontada:

> Diariamente, é propagado nos meios de comunicação o ideal de que o endurecimento das sanções penais, a multiplicação das condutas tipificadas como delito e a relativização das garantias dos *criminosos incuráveis* – inimigos da sociedade – representariam a solução efetiva das mazelas da criminalidade descontrolada. A sociedade em geral, por sua vez, assustada com a crescente violência circundante, aceita passivamente as infundadas posições punitivistas da lei e ordem, transformando-as em senso comum.[319]

Sem dúvidas, "a cultura do medo incutiu na maioria das pessoas a ideia de que a diminuição do nível de violência é inversamente proporcional ao aumento da repressão penal mormente no que concerne a majoração das penas para os crimes existentes bem como a criminalização de outras condutas".[320]

Assim, expande-se a atuação do Direito Penal para satisfazer anseios de uma sociedade marcada pelo temor e pela insegurança, deixando de lado a constatação basilar de que a tutela penal representa o maior grau de intervenção que o Estado pode promover sobre os direitos fundamentais dos indivíduos e que, portanto, deve ser exercida de maneira mínima, e não como resposta imediata aos problemas sociais que vão surgindo.[321]

---

[318] Santos, 2010.
[319] Araújo; Figueiredo, 2022, p. 10.
[320] Marcochi, 2009, p. 59.
[321] Também nessa linha: "O que se percebe é que o recrudescimento das penas, a criminalização de situações de perigo, a estigmatização dos que sofrem processo penal, a prisão para todos, são tendências da lei brasileira. Nela se deposita a esperança para a solução da violência, além de a sociedade sentir-se, ilusoriamente, mais segura com a edição desenfreada de normas penais. Esta ideia do incremento da pena como único instrumento de controle da criminalidade sepulta os princípios da proporcionalidade, ofensividade, intervenção mínima, além da própria dignidade da pessoa humana" (Santos, 2010, p. 120).

Nesse sentido,

> se a missão do Direito Penal (do *ius libertatis*) é a de proteger os bens jurídicos mais importantes, e se suas consequências são as mais graves porque sempre implicam privação ou restrição de bens fundamentais da pessoa, é de se concluir que a incidência da sanção penal deve, obrigatoriamente, ser a mínima possível.[322]

Aqui, de modo algum se nega o dever de tutela dos bens jurídicos, já que há indubitável imposição da Constituição nesse sentido. No entanto, quer-se dizer que a tutela penal de bens jurídicos deve ser realizada "na sua exata dimensão constitucional, devendo traduzir na norma penal incriminadora o valor constitucional que lhe confere suporte ou fundamento".[323]

Franco Bricola, jurista italiano, vai ainda além, tecendo comentários sobre a Constituição Italiana que se amoldam também às Constituições como a brasileira. Sobre critérios que pautam a temática dos bens jurídicos, o jurista afirma que não basta a não contrariedade com a Constituição, sendo a relevância constitucional atribuída ao bem jurídico somente se ele garantir direitos fundamentais ou valores constitucionais objetivamente tutelados.[324]

Partindo do pressuposto de que a Constituição é o marco legislativo que deve guiar todo o ordenamento jurídico, é preciso entender o Direito Penal em sintonia com a Carta Magna, concebendo a categoria dos bens jurídicos em sua dimensão negativa, isto é, voltada ao estabelecimento de limitações interventivas ao Estado, bem como em sua dimensão positiva, destinada a assegurar que os direitos fundamentais sejam respeitados.

No entanto, essa concepção binária sobre o papel dos bens jurídicos e, consequentemente, do Direito Penal, não é tão simples quanto possa parecer. Em verdade, trata-se de fenômeno bastante complexo, especialmente em razão de lacunas deixadas pela própria Constituição. Nesse sentido, Borges explica a tensão permanente existente entre direito penal e Constituição, propondo, ainda, uma solução para o conflito:

---

[322] Gomes; Molina; Bianchini, 2007, p. 281.
[323] Sousa Filho, 2019, p. 103.
[324] Bricola, 1997.

As Constituições contemporâneas, de que é exemplo a Constituição brasileira de 1988, contêm regras de limitação e contenção do poder punitivo, mas se associa a compromissos de reafirmação da legitimidade do Direito Penal, e, às vezes, até mesmo a promessas de endurecimento das penas. Por isso, é possível dizer que a conexão entre Constituição e Direito Penal também é de tensão permanente. Por um lado, a Constituição oferece os fundamentos normativos para a intervenção legislativa na esfera penal. Por outro lado, é também a Constituição que impõe os limites jurídicos à criação de leis penais. A Constituição deve funcionar, simultaneamente, como fonte de legitimação e de limitação da criação de leis penais (bem como de todos os poderes estatais). E é assim porque a Constituição deve ser apta a impor limites ao legislador, especialmente quando sua atividade restringe direitos fundamentais de grande relevância constitucional, como se dá no campo penal.[325]

Em vista disso, conclui-se que a resposta mais adequada aos questionamentos acerca do funcionamento do Direito Penal a partir da conceituação de bem jurídico é aquela que se encontra em maior sintonia com o comando constitucional, encarando a Constituição como base legitimadora da criação de leis penais e, ao mesmo tempo, como fonte de limitação da criação dessas leis.

Em outras palavras, o legislador deverá atuar de acordo com os limites impostos pela Constituição e também com os valores nela consagrados, sendo essa a premissa para a definição dos bens jurídicos dignos de tutela, bem como para a definição dos contornos em que se darão as respectivas proteções.

Portanto, em conclusão, "podemos sustentar que a Constituição figura como um quadro referencial obrigatório da atividade punitiva, contendo as decisões valorativas fundamentais para a elaboração de um conceito de bem jurídico prévio à legislação penal e ao mesmo tempo obrigatório para ela".[326]

Ademais, na linha já exposta, "a relação entre bens jurídicos constitucionais e penais não haverá de ser necessariamente de coincidência, ou de recíproca cobertura, mas de coerência, interação ou efeito recíproco, o que conduz a uma necessária interpretação (teorização) do Direito Penal conforme a Constituição".[327]

---

[325] Sousa Filho, 2019, p. 84.
[326] Feldens, 2008, p. 30.
[327] Feldens, 2008, p. 30-31.

Por fim, no que diz respeito ao controle das leis penais, temos que "o conceito de bem jurídico é o ponto de partida para a aplicação de outros princípios constitucionais balizadores da atuação do legislador penal, notadamente a proporcionalidade".[328] Assim, cumpre destacar que, em se tratando a lei penal de mecanismo de proteção aos bens jurídicos, somente será possível executar o seu controle caso seja realizado sob o crivo da Constituição, mais especificamente, do princípio da proporcionalidade.

Para que haja a devida proteção dos bens mais relevantes "é necessário relacionar a doutrina do bem jurídico penal com os preceitos do princípio da proporcionalidade, já que a tutela deve ocorrer por meio de uma pena entendida como a mais proporcional possível, considerando-se o bem atingido pelo delito".[329] O mencionado princípio servirá, portanto, como instrumento de contenção do fenômeno de agigantamento do Direito Penal, que, como visto, se dá especialmente por meio da modificação irracional do conceito de bem jurídico.

O próximo capítulo será dedicado a explicar a proporcionalidade enquanto princípio balizador da criação penal normativa, bem como a analisar se, a partir da estruturação de tal princípio, teria o legislador brasileiro atuado de maneira proporcional ao alterar o artigo 1º, §4º, da Lei nº 9.613/1998 e direcionar a causa de aumento de pena também àquelas condutas de lavagem de dinheiro praticadas com o emprego de ativos virtuais.

---

[328] Cavali, 2017, p. 53.
[329] Santos, 2010, p. 115.

CAPÍTULO 4

A NECESSIDADE DE ATUAÇÃO DO PODER JUDICIÁRIO: UMA ANÁLISE DA ALTERAÇÃO DO ARTIGO 1º, §4º, DA LEI Nº 9.613/1998, À LUZ DA CONSTITUIÇÃO BRASILEIRA

Após verificar o trâmite legislativo das medidas de controle penal das criptomoedas, nas quais se incluem os Bitcoins, bem como compreender a impossibilidade de dissociação entre a criação penal normativa e a Constituição brasileira, passa-se ao momento de analisar a compatibilidade do artigo 1º, §4º, da Lei nº 9.613/1998 com o comando constitucional.

Sabe-se que ao legislador brasileiro, especialmente no campo penal, incumbe a tarefa de zelar pela garantia dos direitos fundamentais, impondo limites de atuação aos indivíduos. Entretanto, esses mesmos limites que se propõem a tutelar determinadas condutas sociais, devem igualmente pautar a atuação do Poder Legislativo, que deve sempre agir em consonância com os objetivos implícita ou explicitamente estabelecidos pela Carta Magna.

Em vista disso, esta obra se propõe a realizar um controle constitucional abstrato a respeito da atuação do legislador penal na hipótese específica do artigo 1º, §4º, da Lei nº 9.613/1998, isto é, analisar, sob uma perspectiva *ex ante*, se a formulação da causa de aumento de pena é compatível com os ditames da Constituição Brasileira.

4.1 A proporcionalidade como critério para a aferição da constitucionalidade das leis penais

Como mencionado ao longo desta obra, a criação de leis penais é atividade legislativa complexa, que, sistematicamente, incorpora para si a influência de muitos outros fatores, dentre os quais se destaca o contexto político-social da iniciativa. Não por outro motivo, percebe-se a existência de um forte e duradouro fenômeno de expansionismo penal, em grande parte atribuível aos impactos da já conceituada sociedade de risco.

No entanto, apesar da forte influência política na criação penal normativa, que caminha no sentido de um "populismo penal", semelhante ao "populismo político", em que os fundamentos racionais deixam de existir para dar espaço aos anseios imediatistas de parcela significativa da sociedade, fato é que, para essa finalidade, o legislador brasileiro deveria sempre se amparar em critérios rígidos, como os riscos da atividade, os objetivos da intervenção e os contornos efetivos da tutela, lembrando-se igualmente da exigência de estarem todos eles em sintonia com a Constituição.

Sobre o papel do diploma constitucional na criação das leis, conforme narra Maria Luiza Streck:

> Com a função transformadora assumida pelo Estado Democrático de Direito, houve uma alteração paradigmática no modo de pensar o Direito. Sob a égide das constituições compromissórias e dirigentes, passou-se a colocar, no próprio texto constitucional, os conflitos e as demandas da sociedade. O fracasso do positivismo que trabalhava o Direito como um mundo de regras, faz com que esse novo constitucionalismo introduza, no campo do Direito, a noção de princípios.[330]

Em outras palavras, os conflitos e anseios sociais foram reproduzidos pelo texto constitucional, de modo que nenhuma análise de criação penal pode ser feita sem antes observar a congruência com a Constituição e, por conseguinte, com os princípios nela reproduzidos.

Advém justamente da Constituição Federal, em seu artigo 5º, XLI, o comando de utilização da tutela penal, determinando que "a lei punirá qualquer discriminação atentatória dos direitos e liberdades fundamentais". Destarte, parece ter havido indubitável opção constitucional "pela utilidade e necessidade do Direito Penal como instrumento de proteção dos direitos fundamentais".[331]

Manifestando a impossibilidade de se dissociar o Direito Penal da orientação constitucional, Maria Luiza Streck continua a sua abordagem:

---

[330] Streck, 2009, p. 61.
[331] Ávila, T., 2006, p. 71.

Não mais se pode pensar o Direito Penal como se estivéssemos no século XIX. Se o Estado passou de inimigo dos direitos fundamentais a potencial amigo desses direitos, parece também evidente que o Direito Penal deve ser analisado no mesmo contexto, isto é, ele também terá um novo papel. É aqui que devemos analisar, amiúde, o papel dos princípios, e, em especial, o da proporcionalidade, uma vez que toda lei deve ser razoável e proporcional.[332]

Em complemento, o ministro Gilmar Mendes, ao proferir seu voto no julgamento do Recurso Extraordinário nº 635.639/SP, aduziu que

(...) a tipificação penal de determinadas condutas pode conter-se no âmbito daquilo que se costuma chamar de discrição legislativa. Cabe ressaltar, todavia, que, nesse espaço de atuação, a liberdade do legislador estará sempre limitada pelo princípio da proporcionalidade, configurando a sua não observância inadmissível excesso de poder legislativo.
A doutrina identifica como típicas manifestações de excesso no exercício do poder legiferante a contraditoriedade, a incongruência, a irrazoabilidade ou, em outras palavras, a inadequação entre meios e fins.[333]

Assim, a proporcionalidade ganha novos contornos, passando a ser vista como mecanismo para se atingir o equilíbrio entre os fins e os meios no Direito Penal, isso em um contexto marcado pelo pluralismo social, em que se deve conciliar os interesses individuais com os supra individuais.

Por um lado, se a sanção penal representa nada menos do que uma violência do Estado em face dos indivíduos, acarretando restrição a direitos fundamentais, é necessário que surja um mecanismo de freios, apto a limitar os meios dos quais o legislador dispõe para alcançar o fim pretendido pela norma penal. Por outro lado, é também necessário a utilização de critérios para a criação de comandos de punição, de modo a tutelar aqueles bens jurídicos mais importantes, essenciais ao pleno convívio e desenvolvimento social.

A proporcionalidade se insere nesse contexto, atuando como parâmetro de controle das leis penais, haja vista que incumbe a ela, simultaneamente, o papel de equilibrar a garantia dos direitos fundamentais

---

[332] Streck, 2009, p.63.
[333] Brasil, 2015b.

de todos os cidadãos com aqueles exclusivos daqueles que são acusados de violar direitos de terceiros.

Nesse sentido, "a liberdade constitui um dos bens primordiais tutelado juridicamente, o que traz como consequência o fato de que qualquer limitação sua deve ser balanceada, a fim de que ocorra apenas quando se apresentar claramente necessária, idônea e proporcional à proteção de determinado bem jurídico-constitucional".[334] É justamente dessa atestação que se identifica o valioso papel assumido pela proporcionalidade no Estado Democrático de Direito.

Nesta obra, não obstante as divergências existentes acerca de seu *status* normativo, concebe-se a proporcionalidade como um princípio constitucional,

> (...) primeiramente, porque a sua incidência deve ser calibrada em razão da tensão com outros princípios constitucionais, como a democracia e a separação de poderes. É isso que justifica que, em determinadas hipóteses, se recomende ao Judiciário uma postura de autocontenção na aplicação da proporcionalidade, em favor das decisões tomadas por outros órgãos estatais. Portanto, não há a aplicação da proporcionalidade de acordo com a lógica do "tudo ou nada". E, em segundo lugar, porque existe, sim, um conteúdo material próprio da proporcionalidade, ligado à contenção racional do poder estatal. É certo que a proporcionalidade pode ser empregada em conjugação com outras normas constitucionais, para evitar que os bens jurídicos que as mesmas tutelam sejam restringidos de maneira injustificada ou imoderada. Mas o princípio da proporcionalidade também se presta a um emprego autônomo, em situações em que os interesses restringidos não desfrutam de hierarquia constitucional.[335]

E o aludido princípio deve ser analisado desde o estágio inicial, de criação da norma, pelo legislador, para a tutela do bem jurídico escolhido, até o momento final, representado pela aplicação concreta da sanção.

As razões para a sua utilização consistem nos benefícios proporcionados pelo seu manejo na efetivação do controle de constitucionalidade das leis penais.[336] O primeiro benefício deriva do *status* constitucional da proporcionalidade, sendo concebida como parâmetro de controle de

---

[334] Santos, 2010, p. 71.
[335] Sarmento; Souza Neto, 2012, p. 653.
[336] Sousa Filho, 2019.

legitimidade dos atos legislativos. O segundo, porque o juízo de proporcionalidade é visto como a metodologia dominante na jurisprudência estrangeira para a verificação da legitimidade constitucional das restrições de direitos fundamentais.[337] O terceiro, porque esse mesmo juízo serve de elo entre a doutrina penal e a constitucional, reduzindo as suas distâncias. O quarto, provém da ampla aceitação de sua aplicação por parte do STF. O quinto, e último, consiste na possibilidade de o juízo de proporcionalidade, em melhores condições, reintroduzir o conceito de bem jurídico no controle de constitucionalidade das leis penais.[338]

Especificamente sobre o quarto argumento trazido acima, oportuno mencionar que, de maneira semelhante à metodologia empregada nos países da América Latina e da Europa, o princípio da proporcionalidade avançou levemente, passando a ser adotado no Brasil como mecanismo de controle de constitucionalidade das restrições aos direitos fundamentais, podendo-se observar que o STF, ainda que de modo incipiente, iniciou, nesses moldes, o procedimento de submissão das leis penais ao controle jurisdicional de constitucionalidade.[339]

Como exemplos de ocasiões relevantes em que o STF invocou o princípio da proporcionalidade no processo de verificação da constitucionalidade de normas penais, há que se mencionar a declaração de inconstitucionalidade da contravenção penal de posse não justificada de instrumento de emprego usual na prática de furto,[340] a declaração de inconstitucionalidade do preceito secundário do tipo penal do artigo 273 do Código Penal, com a redação dada pela Lei nº 9.677/98 (reclusão de 10 a 15 anos), na hipótese prevista no seu parágrafo 1º-B, §1, que trata

---

[337] Sobre esse ponto, "é possível afirmar que os precedentes de cortes constitucionais estrangeiras exercem, com cada vez mais força, ao menos um *soft power* em matéria de proteção de direitos fundamentais, já que criam incentivos reputacionais e de cooperação recíproca de grande relevância para os processos decisórios nacionais. (...) Apesar de a destacada importância da jurisprudência norte-americana para a jurisdição constitucional brasileira na interpretação de direitos fundamentais no campo penal (notadamente no processo penal), a influência da jurisprudência alemã parece ter sido ainda mais importante para a construção dos parâmetros atuais de controle de constitucionalidade de leis penais e de decisões judiciais criminais no Brasil" (Sousa Filho, 2019, p. 16; 19).

[338] Sousa Filho, 2019.

[339] Sousa Filho, 2022.

[340] Brasil, 1941, art. 25. Oportuno mencionar o seguinte trecho do acórdão: "Ademais, verifico que a contravenção penal em questão viola o subprincípio da proporcionalidade em sentido estrito, pois o grau de satisfação do fim legislativo – a punição de uma conduta apenas quando realizada por pessoas determinadas segundo critérios discriminatórios (condenação anterior ou condição social e econômica) – demonstra ser inferior ao grau em que não se realiza o direito fundamental de proteção" (Brasil, 2013b).

da importação de medicamento sem registro no órgão de vigilância sanitária (Recurso Extraordinário nº 979.962/RS),[341] bem como os votos do ministro Luís Roberto Barroso e de Gilmar Mendes, em julgamento ainda não finalizado (Recurso Extraordinário nº 635.659/SP), no sentido da inconstitucionalidade da criminalização do porte de drogas ilícitas para uso pessoal, por violarem o princípio constitucional em referência.

As resistências para a adoção da proporcionalidade como parâmetro de aferição da constitucionalidade de leis penais no Brasil ainda são muitas, especialmente em virtude da dificuldade em imprimir alterações sobre a antiga postura de extremada autocontenção que imperou sobre esse campo. No entanto, pelas razões expostas, é inegável que esse método é capaz de proporcionar um controle efetivo e adequado sobre a constitucionalidade das leis penais, e que devem ser empreendidos verdadeiros esforços para que ele seja adotado.[342]

Ainda que a verificação das leis penais pela proporcionalidade não tenha de fato ocorrido de maneira generalizada, é certo que o emprego da proporcionalidade permitirá a substituição do tradicional comportamento de autocontenção, marcado pela baixíssima interferência do judiciário nos parâmetros da legislação penal, por uma postura de maior interferência e intensidade nas atividades de fiscalização, o que, por consequência, exigirá uma argumentação mais elaborada por parte do Poder Judiciário.

Nas palavras de Borges,

> a adoção de um parâmetro de controle mais rigoroso das leis penais tende a exigir do tribunal constitucional o desenvolvimento de um arsenal argumentativo muito mais sofisticado do que a mera referência aos clássicos argumentos de deferência ao legislador e de respeito ao princípio democrático. A submissão das leis penais a níveis mais intensos de controle de constitucionalidade abrirá espaço, no futuro,

---

[341] Na ocasião, seguindo a linha do voto proferido pelo relator, o ministro Luís Roberto Barroso, o STF, por maioria, ao reconhecer a inconstitucionalidade da pena cominada ao tipo penal, referendou a utilização do princípio da proporcionalidade para o controle de constitucionalidade em situações específicas, reconhecendo que "o estabelecimento dos marcos penais adequados a cada delito é tarefa que envolve complexas análises técnicas e político-criminais que, como regra, competem ao Poder Legislativo. Porém, em casos de gritante desproporcionalidade, e somente nesses casos, justifica-se a intervenção do Poder Judiciário, para garantir uma sistematicidade mínima do direito penal, de modo que não existam (i) penas exageradamente graves para infrações menos relevantes, quando comparadas com outras claramente mais reprováveis, ou (ii) a previsão da aplicação da mesma pena para infrações com graus de lesividade evidentemente diversos (Brasil, 2021e).

[342] Sousa Filho, 2022.

para a produção de uma jurisprudência constitucional mais substantiva no campo penal. Ao permitir o escrutínio da legitimidade da própria ponderação feita pelo legislador, é possível que a dogmática penal assuma um novo *status* em face da jurisdição constitucional.[343]

Isso posto, adota-se portanto, neste livro, a proporcionalidade como um verdadeiro parâmetro "destinado à verificação da constitucionalidade de leis infraconstitucionais que tenham como objeto a limitação de direitos fundamentais",[344] amenizando o excessivo grau de deferência ao legislador e também intensificando o controle pela adoção de testes mais rigorosos de constitucionalidade.

O próximo item dedicará uma análise mais aprofundada ao princípio constitucional da proporcionalidade e a sua dupla função assumida no controle das leis penais.

4.1.1 O princípio da proporcionalidade e a sua dupla face

Introduzindo o tema, na linha daquilo já abordado no tópico anterior, Streck discorre que "o princípio da proporcionalidade tem sua principal área de atuação no âmbito dos direitos fundamentais", haja vista que a ele incumbe a tarefa de "determinar os limites – máximos e mínimos – de intervenções estatais nas esferas individuais e coletivas, sempre tendo em vista as funções e os fins buscados pelo Estado Democrático de Direito".[345]

E ao exercer essa função de busca pelo equilíbrio entre os fins e meios no Direito Penal, de modo a tutelar os bens jurídicos estabelecidos pela Constituição, opera o princípio da proporcionalidade como verdadeiro inibidor de excessos do Estado e, ao mesmo tempo, como garantidor dos direitos fundamentais do indivíduo e também da sociedade, na linha do que orienta o diploma.[346]

Em vista disso, tem-se, de um lado, o princípio da proporcionalidade em sua visão clássica, historicamente concebida enquanto sinônimo de proibição de excesso, prestando-se à função de limitador material

---

[343] Sousa Filho, 2022, p. 29.
[344] Bozza, 2014, p. 279.
[345] Streck, 2009, p. 65.
[346] Streck, 2009.

ao poder estatal, fornecendo garantias à liberdade dos indivíduos em detrimento dos interesses do Estado.

Essa primeira vertente da proporcionalidade, entendida como sinônimo da vedação aos excessos, surge em razão de recorrentes abusos desempenhados pelo Estado, com origens que remontam à época dos pensadores iluministas, como Montesquieu e Cesare Beccaria, que desenvolveram estudos sobre a proporcionalidade entre as penas cominadas e as infrações praticadas.[347]

Aqui não se pode negar que a aplicação desse princípio, sob a ótica retratada, com o passar dos anos, afigurou-se como um dos grandes pilares do Estado Democrático de Direito e da sua respectiva concepção garantista do Direito Penal.[348]

Em outras palavras, especificamente no campo penal, adquiriu a proporcionalidade o *status* de instrumento destinado a legitimar o Direito Penal Constitucional, em seu viés garantista, impondo limites à discricionariedade do legislador quando da implementação da sua política criminal.[349]

Sob esse plano, a proporcionalidade objetiva a preservação das liberdades individuais, protegendo os cidadãos e a sociedade daquelas condutas abusivas e injustificadas perpetradas pelo Estado. É que "não se pode permitir que o Estado, em sentido lato, sob o argumento de proteger, acabe por atingir de modo ainda mais grave um direito fundamental", agindo o princípio, nessa vertente, "como um dos principais limites às limitações dos direitos fundamentais".[350]

Trata-se de enxergar o papel do poder público, no que diz respeito aos direitos fundamentais, em sua "forma negativa", fixando ao ente deveres de abstenção em benefício das liberdades. Acerca da adoção desta postura omissiva, observa-se que para a execução de

> (...) seu dever de proteção, o Estado – por meio de um dos seus órgãos ou agentes – pode acabar por afetar de modo desproporcional um direito fundamental (inclusive o direito de quem esteja acusado da violação a direitos fundamentais de terceiros). Esta hipótese corresponde às aplicações correntes do princípio da proporcionalidade como critério de controle de constitucionalidade das medidas restritivas de direitos

---

[347] Rebouças Júnior, 2019.
[348] Sarlet, 2006.
[349] Bozza, 2014.
[350] Rebouças Júnior, 2019, p. 68.

fundamentais que, nesta perspectiva, atuam como direitos de defesa, no sentido de proibições de intervenção.[351]

Portanto, no plano da proibição do excesso, a proporcionalidade atua "como um dos principais empecilhos às limitações dos direitos fundamentais",[352] ocupando-se de definir os limites da abrangência da atuação do Estado quando do exercício de seu poder punitivo.

No entanto, em que pese o princípio da proporcionalidade tenha sido historicamente empregado como sinônimo de vedação de excessos, concebido enquanto mecanismo garantidor das liberdades individuais, impondo ao Estado alguns deveres de abstenção em determinadas situações, fato é que houveram modificações significativas na sociedade, refletidas, inclusive, pelas constituições contemporâneas, imprimindo uma maior valorização das pautas supraindividuais.[353]

Sob a ótica dessa nova orientação constitucional, permite-se atestar que as constituições passaram a não mais serem vistas exclusivamente como instrumentos destinados a defender a liberdade dos indivíduos, sendo também compreendidas enquanto diplomas normativos que almejam assegurar os direitos fundamentais de toda a sociedade.

O fenômeno acima descreve a ocorrência de verdadeira ruptura paradigmática, evidenciando a passagem do período liberalista ao período do constitucionalismo moderno, em que o bem estar da sociedade é elevado ao topo das prioridades objetivadas pelas constituições. "Assim, se no liberalismo o patamar é o indivíduo e no Estado Social é o grupo, no Estado Democrático de Direito é o conjunto dos cidadãos envolvidos na transformação social, que implica, até mesmo, no limite, considerar inconstitucionais determinadas omissões do legislador".[354]

Destarte, em virtude da evolução social acompanhada pelas constituições, insatisfatório seria alçar a proporcionalidade tão somente ao *status* de meio obstaculizador de criminalizações ou de penas desproporcionais, de maneira que esse princípio há de ser empregado também no controle de descriminalizações infundadas ou outras situações que evidenciem a existência de alto grau de vulnerabilidade dos bens jurídicos os quais a Constituição deveria tutelar.

---

[351] Sarlet, 2005, p. 131-132.
[352] Sarlet, 2005, p. 131-132.
[353] Martins, 2006.
[354] Streck, 2009, p. 74.

Sobre o dever de proteção dos bens jurídicos através da utilização do Direito Penal, Vieira de Andrade assim descreve a verificação do fenômeno de transição entre as funções assumidas pelo Estado:

> A concepção do Estado-prestador, associada aos direitos sociais, abriu caminho para a concepção do Estado-amigo dos direitos fundamentais ou, pelo menos, do Estado responsável pela sua garantia efectiva. Desse modo, muitas das normas de direito penal, bem como as que regulam a intervenção policial passaram a ser vistas com outros olhos, da perspectiva do cumprimento de um dever de proteção, no contexto de um processo de efectivação das normas constitucionais relativas aos direitos fundamentais, estendida a toda a actuação dos poderes públicos.[355]

Diante disso, vê-se que passou a recair sobre o Estado o dever de atuar de maneira suficiente, adotando postura ativa e protegendo devidamente os direitos fundamentais assegurados pela Constituição. Passou a incidir sobre o Estado o dever de combate ativo direcionado às atividades lesivas praticadas por terceiros, que poderiam afetar o exercício dos direitos fundamentais.[356]

Isso se explica porque, "da mesma forma que os infratores das leis penais titularizam direitos dignos de proteção, a exemplo da vida, da saúde e do trabalho, não se pode, a pretexto de proporcionar sua efetivação, descuidar da proteção dos direitos das vítimas, efetivas ou potenciais, e da sociedade como um todo".[357]

No Brasil, no âmbito jurisprudencial, ao proferir seu voto no julgamento do Recurso Extraordinário nº 418.376, o ministro Gilmar Mendes sagrou-se pioneiro na invocação do instituto da proteção insuficiente enquanto face positiva do princípio da proporcionalidade. Pela primeira vez no Brasil, trouxe-se uma espécie de garantismo penal positivo, contrapondo-se à sua faceta negativa, representada pela proteção contra os excessos do Estado.

Em seu voto, destacou o ministro que, caso se aceitasse a extinção da punibilidade em situação fática altamente reprovável, estaria configurada hipótese de proteção deficiente por parte do Estado. Sobre o tema, assentou que "a proibição da proteção deficiente adquire importância

---

[355] Andrade, 2001, p. 143.
[356] Canotilho, 1998.
[357] Rebouças Júnior, 2019, p. 74.

na aplicação dos direitos fundamentais de proteção, ou seja, na perspectiva do dever de proteção, que se consubstancia naqueles casos em que o Estado não pode abrir mão da proteção do Direito Penal para garantir a proteção de um direito fundamental".[358]

O dever de proteção do Estado é abrangente, culminando em um dever de posicionamento tanto nas situações em que haja intervenções diretas na vida dos indivíduos (verificação do dever de abstenção), quanto nas situações em que tenha de se proteger a sociedade de intervenções ilícitas oriundas de condutas de terceiros (verificação do dever de atuação).[359]

Em vista dessas exposições, percebe-se que a proporcionalidade consiste, de um lado, na proibição do excesso, que se volta contra o Estado, protegendo o cidadão em sua liberdade. Do outro, na proibição da insuficiência, que atua na dimensão objetiva dos direitos fundamentais, exigindo a concreta atuação do poder público destinada à proteção necessária dos direitos fundamentais dos indivíduos, possuindo, desse modo, uma dimensão direcionada ao amparo da coletividade.[360]

Para além de sua dimensão subjetiva, configurada pela implementação de garantias e limitações em face do arbítrio estatal, devem os mesmos direitos fundamentais serem enxergados também em sua feição objetiva na ordem constitucional, obrigando o Estado, conforme lecionam Branco e Mendes, "não apenas a observar os direitos de qualquer indivíduo em face do poder público como também a garantir os direitos fundamentais contra agressão de terceiros".[361]

Aqui, destaca-se que a feição objetiva "não está em situação de subordinação ou contraposição isolada à dimensão subjetiva, mas em relação recíproca de paridade hierárquica, já que ambas são tendentes ao fortalecimento da liberdade como um todo, do indivíduo e da coletividade".[362]

Então, "do ponto de vista constitucional, é possível afirmar que a Constituição brasileira tanto não acolheu um modelo de Direito Penal máximo, como também não endossa uma perspectiva abolicionista,

---

[358] Brasil, 2006.
[359] Martins, 2006.
[360] Macedo, 2014.
[361] Branco; Mendes, 2017, p. 504.
[362] Ávila, T., 2006, p. 55.

expressando preocupações tanto com a proteção individual quanto com a coletiva".[363] Esta mencionada dupla face do princípio da proporcionalidade ocasiona, portanto, no campo penal, um contraste apto a estabelecer os instrumentos adequados a serem empregados na proteção dos bens jurídicos, viabilizando o alcance de uma situação de equilíbrio, em que, a partir da atuação conjunta das dimensões (objetiva e subjetiva), possa o legislador definir se é legítimo intervir na esfera de liberdade dos indivíduos ou, se por outro lado, afigura-se plausível deixar de tutelar o bem jurídico em análise.

A Constituição Federal estabelece o dever do legislador de proteger direitos fundamentais. Contudo, não se trata de legislar com irrestrita liberdade, criminalizando ou descriminalizando condutas de maneira discricionária. É necessário a congruência com o princípio da proporcionalidade, considerando as vertentes da proibição de excessos e a proibição de proteção deficiente (ou insuficiente).[364]

É justamente a partir dessa premissa que se propõe a aplicar o princípio constitucional da proporcionalidade como mecanismo de controle, de modo a avaliar se a atuação do legislador, ao modificar o §4º, do artigo 1º, da Lei nº 9.613/1998, ocasionou restrição (des)proporcional aos direitos fundamentais dos infratores.

4.2 A restrição (des)proporcional aos direitos fundamentais desencadeada pela alteração do artigo 1º, §4º, da Lei nº 9.613/1998

Nesta parte final do estudo, o objetivo será realizar um controle de constitucionalidade do artigo 1º, §4º, da Lei nº 9.613/1998, alterado pela Lei nº 14.478/2022. A fim de identificar os impactos da produção legislativa sobre os direitos fundamentais, será utilizado o princípio da proporcionalidade, procedendo-se a uma valoração dos seus subprincípios, a dizer: adequação, necessidade e proporcionalidade em sentido estrito.

---

[363] Ávila, T., 2006, p. 73.
[364] Streck, 2009.

Trata-se, em outras palavras, sob uma perspectiva abstrata, de analisar se há razoabilidade nas consequências concretas atribuídas aos sujeitos afetados pela medida restritiva criada.[365]

Aqui, oportuno destacar que não se desconhece a sensibilidade do tema, sendo a prática de anulação de atos legislativos pelo judiciário tida, de modo recorrente, como uma causa de tensionamento entre os poderes da República. E muito embora existam aqueles que entendem pela separação quase absoluta dos poderes constituídos, compactua-se com a corrente de pensamento que compreende, no ambiente democrático, ser de fato atribuído ao Tribunal Constitucional a tarefa de "evitar que a lei seja corroída pela legislação de maiorias transitórias ou, mais provavelmente, por interesses estreitos, organizados e bem-posicionados".[366]

Desse modo, uma vez que incumbe ao Poder Judiciário, mais especificamente ao STF, a função de atuar como guardião da Constituição,[367] deve o Tribunal, por meio do controle constitucional, defender a lei e os direitos fundamentais, assegurando a observância não apenas à vontade da maioria, mas também aos direitos das minorias e aos direitos dos membros da comunidade.[368]

Joaquim Canotilho sustenta que a democracia também retira a força da autolimitação dos poderes, haja vista a existência da Constituição, diploma hierarquicamente superior a todos esses poderes.[369] Nesses moldes, o controle de constitucionalidade se destina a "aprofundar a relação material existente entre a constituição e a lei", sendo certo que, a despeito de o legislador não ter a obrigação de criar boas leis, possui "o dever de observância aos fins constitucionais".[370]

Ainda, o autor acrescenta que o controle de constitucionalidade realizado pelo Judiciário não substitui a tarefa do legislador, prestando-se o referido mecanismo somente a "captar juridicamente o eventual excesso de poder legislativo nos casos em que se tem de apreciar se as finalidades da constituição não foram menosprezadas".[371]

---

[365] Laurentis, 2015.
[366] Rawls, 2000, p. 284.
[367] Brasil, 1988, art. 102, *caput*.
[368] Aquino, 2023.
[369] Canotilho, 1994.
[370] Canotilho, 1994, p. 264-265.
[371] Canotilho, 1994, p. 264-265.

Adiante, introduzindo a temática do controle de constitucionalidade dos dispositivos penais e conferindo ênfase à discricionariedade de atuação dispensada ao legislador, Sara de Assis Aquino descreve que,

> no caso das normas penais, o direito fundamental à liberdade sempre estará em questão – o que, de plano, já reduz o espectro de atuação do legislador. É a perspectiva adotada por Prieto Sanchís: *"si las normas penales han de ser leyes orgánicas porque desarrollan derechos fundamentales, entonces habrás de respetar las condiciones establecidas para la regulación de tales derechos"*. O autor defende a tese de que o caráter político das leis penais não as torna isentas do controle de constitucionalidade. A *criminalização sem referência a bem jurídico, a utilização do direito penal em violação aos fins constitucionais e as decisões arbitrárias do legislador penal são exemplos de objetos passíveis do controle judicial de constitucionalidade*, uma vez que se distancia do exercício legislativo conforme a Constituição.[372]

Neste ponto, imprescindível mencionar que os dois trabalhos mais conhecidos no país a respeito do controle de constitucionalidade das leis penais são aqueles produzidos por Raquel Lima Scalcon[373] e Ademar Borges de Sousa Filho,[374] os quais trazem entendimentos manifestamente distintos sobre a possibilidade de avaliação da constitucionalidade das normas.

Para Scalcon, há uma escala gradual de controle das normas penais, isto é, um controle promovido em níveis de intensidade distintos, a depender do grau de vinculação do legislador à disciplina penal. Em outras palavras, "a intensidade do controle jurisdicional não será idêntica, amoldando-se ao correlato nível de vinculação verificado entre legislador e Constituição", de modo que, "quanto maior a vinculação do legislador, mais forte ou intenso o controle jurisdicional; quanto menor a vinculação do legislador, mais fraco ou reduzido o controle jurisdicional".[375]

Nessa linha, a fim de avaliar o nível de controle sobre a autoridade legislativa, a autora divide as normas em duas categorias: i) fins constitucionalmente proibidos (proibição expressa de criminalização); ii) fins constitucionalmente obrigatórios (mandados expressos de criminalização).

---

[372] Aquino, 2023, p. 135, grifos nossos.
[373] Scalcon, 2018.
[374] Sousa Filho, 2019.
[375] Scalcon, 2018, p. 65.

Sobre a segunda categoria, sendo ela a que realmente nos interessa nesta obra, Scalcon sustenta haver discricionariedade legislativa para a elaboração dos tipos penais, incluídos aqui todos os elementos que os acompanham, tais como o patamar de pena, as causas de aumento e diminuição, as qualificadoras, as circunstâncias agravantes e atenuantes.[376] Logo, os mandados de criminalização atendidos pelo legislador estariam sujeitos a um controle judicial fraco, havendo ampla discricionariedade legislativa na adoção da decisão criminalizadora, presumindo-se, em uma primeira análise, a legitimidade da criminalização de condutas que atentam contra bens jurídicos expressamente previstos na Constituição.[377]

Acerca do modelo defendido por Scalcon, consistente na realização de um controle judicial fraco, não obstante se reconheça a sua importância e razoabilidade para o monitoramento de dispositivos legais pertencentes a outros ramos do Direito, observa-se que esse racional não deve ser aplicado às normas inseridas no campo penal, pois é justamente nesse cenário que estão previstas as intervenções mais drásticas na vida dos indivíduos, consubstanciadas em restrições ao direito à liberdade, devendo ser promovidas somente em situações excepcionais.[378]

De maneira diametralmente oposta, Ademar Borges defende um controle material intensivo de leis penais no Brasil, elaborando uma linha argumentativa bastante razoável, com a qual aqui se compactua. Sara Assis de Aquino muito bem discorre a respeito do posicionamento do autor:

> No caso das leis que restrinjam direitos fundamentais ou as garantias intrínsecas ao processo democrático, inverte-se a lógica: são presumidas inconstitucionais. Disso se extraem duas conclusões gerais. A restrição de direitos fundamentais ou políticos pela via legislativa é dotada de alto grau de certeza quanto à sua inconstitucionalidade. E a defesa da legitimidade da norma demanda maior grau argumentativo. Sob outra perspectiva, a instituição de um referencial gradativo é um ganho de transparência no processo de tomada de decisão da jurisdição constitucional. A toda evidência, a variação na presunção de constitucionalidade confere racionalidade e

---
[376] Scalcon, 2018.
[377] Scalcon, 2018.
[378] No mesmo sentido: Aquino, 2023.

previsibilidade ao controle judicial, bem como exige a densificação dos direitos fundamentais e do princípio democrático.

(...)

Para as leis penais, cai por terra, na concepção de Sousa Filho, a retórica judicial em torno da acentuada deferência ao legislador. Nessa linha, o autor aponta que, em geral, as leis penais incriminadoras gozam de uma fraca presunção de constitucionalidade – ou, dito de outro modo, de uma presunção de inconstitucionalidade.[379]

E para o autor, no âmbito das leis penais, o controle de constitucionalidade ganha ainda maior espaço ao se tratar de criminalizações sujeitas a aplicação de penas privativas de liberdade, especialmente naquelas hipóteses em que não se mostra possível a substituição por penas restritivas de direitos. É que as restrições aos direitos fundamentais são promovidas em maior intensidade, influenciando diretamente na presunção de constitucionalidade das leis.

Nesse sentido,

a grande quantidade de direitos materialmente fundamentais restringidos pela pena de prisão conduz à significativa redução da presunção de constitucionalidade das leis penais que cominem como sanção a pena privativa de liberdade. Essa redução de presunção de constitucionalidade da lei será tanto maior quanto menores forem as possibilidades de substituição da pena de prisão por penas restritivas de direito. *Se as altas penas cominadas em abstrato pelo legislador ao delito, cumuladas com uma prática judicial de rejeição à possibilidade de substituição por restritiva de direito, resultarem em alta probabilidade de que a condenação sujeite o réu ao cumprimento da pena de prisão, se pode falar em uma drástica redução da presunção de constitucionalidade da lei.*[380]

O autor também assinala que o procedimento de aprovação formal da lei não é suficiente para definir a sua constitucionalidade, devendo ser considerados, na análise, elementos como a qualidade dos debates, o quórum de aprovação, a fundamentação das razões apresentadas e o grau de envolvimento popular. Dito de outro modo, "o grau de democratização do processo de aprovação da lei não se resume a aferir se ela foi aprovada pelo órgão legitimamente eleito",[381] sendo necessário

---

[379] Aquino, 2023, p. 142, grifos nossos.
[380] Sousa Filho, 2019, p. 256, grifos nossos.
[381] Sousa Filho, 2019, p. 261.

examinar outros elementos inerentes ao trâmite legislativo, esses, sim, aptos a permitir que a constitucionalidade seja analisada de maneira eficiente e de fato compatível com o grau de importância atribuído aos direitos fundamentais.

Desse modo, ao partir do pressuposto de que as leis penais são, em verdade, inconstitucionais, mormente por ocasionarem restrições a direitos fundamentais como a liberdade, o autor atribui ao legislador, às partes interessadas e ao Tribunal Constitucional, a tarefa inafastável de justificar racionalmente a constitucionalidade do dispositivo legal sob exame.[382]

Referido ônus argumentativo defendido por Ademar Borges, na linha de um controle intensivo das leis penais, tem, ainda, nas esclarecedoras palavras de Sara de Assis Aquino, a pretensão "de conformar-se às particularidades do sistema criminal brasileiro, cujas tendências de seletividade, de violação aos direitos fundamentais e políticos e de baixa racionalidade do processo legislativo justificam o escrutínio judicial mais rigoroso".[383]

Esse é, portanto, o modelo de controle de constitucionalidade das leis penais que se acredita ser mais adequado para o ordenamento jurídico brasileiro, devendo ser concebido como instrumento à disposição do Tribunal Constitucional para a proteção da democracia e dos direitos fundamentais, constitucionalmente assegurados.

Feitas essas considerações sobre o modelo de controle judicial mais compatível com o cenário jurídico estabelecido no Brasil, imperioso destacar que, como metodologia de aplicação da proporcionalidade, será adotado o método descrito por Robert Alexy, que ocorre em etapas. Na primeira, analisa-se a adequação do dispositivo legal; na segunda, examina-se a necessidade da medida restritiva veiculada pela norma; na terceira, estuda-se a proporcionalidade em sentido estrito, aferindo-a diante do caso concreto colocado sob análise. Ademais, há que se mencionar que a observância à ordem das etapas é fundamental, sendo que o exame de cada um dos subprincípios só pode ser realizado caso tenham sido devidamente preenchidos os requisitos impostos pela etapa anterior.[384]

---

[382] Sousa Filho, 2019.
[383] Aquino, 2023, p. 145.
[384] Alexy, 2015.

Referido método será adiante aplicado na situação normativa em comento, adotando como premissa os seguintes pontos: i) o aumento de pena dos crimes de lavagem de dinheiro quando concretizados com o emprego de ativos virtuais foi promovido notadamente com o objetivo de recrudescer o tratamento dado aos infratores que se amoldam ao tipo penal, atuando principalmente no que se costuma chamar de prevenção negativa das penas, em suas formas especial[385] e geral,[386] destinadas, respectivamente, a punir o próprio infrator e desencorajar os demais sujeitos a praticarem a conduta; ii) o direito fundamental ameaçado é o direito à liberdade, expressamente previsto no artigo 5º, *caput*, da Constituição Federal,[387] haja vista que as penalidades impostas em decorrência da alteração do tipo penal tendem a afetá-lo diretamente, como será exposto.

Uma vez indicada a metodologia a ser aplicada e estabelecidas as premissas para o exame, passa-se ao exame da constitucionalidade do artigo 1º, §4º, da Lei nº 9.613/1998.

a) Teste da adequação

Na primeira etapa, no teste de adequação, deve ser analisado "se a medida restritiva de direito fundamental fomenta a realização de um objetivo legítimo",[388] isto, é, se a medida promove a realização de um direito fundamental ou interesse constitucionalmente admitido.

Oportuno esclarecer "que a etapa da adequação é uma verificação fática, não jurídica, de sorte que uma norma é inadequada senão servir ao objetivo a que se propõe em um caso concreto".[389] Nesse momento, é obrigatória a investigação sobre a compatibilidade da medida adotada com o fim pretendido, de modo que só haverá adequação na criação da lei se houver justificativa concreta de que esta é apta a alcançar o interesse pretendido pelo Estado.

---

[385] "A prevenção especial *negativa* de neutralização do criminoso, baseada na premissa de que a *privação de liberdade* do condenado produz *segurança social*, parece óbvia: a chamada *incapacitação seletiva* de indivíduos considerados perigosos constitui efeito evidente da execução da pena, porque impede a prática de crimes fora dos limites da prisão – e, assim, a *neutralização* do condenado seria uma das funções *manifestas* ou *declaradas* cumpridas pela pena criminal" (Santos, 2005, p. 7-8, grifos nossos).

[386] A prevenção geral em sua forma negativa se daria simplesmente "por meio do poder intimidante que caracteriza o Direito Penal, funcionaria como inibidora de futuras ações criminosas pela certeza da punição" (Dieter, 2005, p. 5).

[387] Brasil, 1988.

[388] Sousa Filho, 2019, p. 283.

[389] Rebouças Júnior, 2019, p. 65.

Portanto, é imperioso que se examine a intenção do autor do projeto de lei que culminou na alteração legislativa incriminadora (finalidade da intervenção), bem como o sentido objetivo da norma criada e seu efetivo alcance (meio utilizado).[390] É justamente a partir daí que poderá ser traçada uma correlação mais assertiva entre fins e meios da norma penal.

Aqui, há também que se mencionar a importância da categoria dos bens jurídicos, de modo que a identificação precisa do bem jurídico tutelado pela norma penal é premissa inafastável para a submissão das leis penais ao juízo de proporcionalidade, em todas as suas etapas. E as consequências desse fenômeno acabam por repercutir não apenas na constitucionalidade material da norma, como também na constitucionalidade formal, haja vista que o devido processo normativo exige a expressa indicação do bem jurídico tutelado para que se possa realizar uma ponderação realística sobre o interesse almejado pela norma e sua efetiva capacidade de concretizá-lo.

E somente é possível examinar a legitimidade do fim pretendido pela norma penal quando identificado o bem jurídico que se almeja proteger. É que, além de viabilizar a análise sobre a legitimidade da finalidade objetivada pela lei penal, este servirá ao "exame da aptidão do meio adotado para a realização dessa finalidade de proteção do bem jurídico (juízo de adequação)".[391]

Como destaca Borges, "se a intervenção penal do Estado se dá, sob a ótica puramente formal, a partir da tipificação de condutas, sob o enfoque material, exige-se que tal intervenção tenha por objetivo impedir uma lesão a um bem jurídico",[392] por isso a essencialidade, para o teste de adequação, de delinear a motivação da criação da norma, bem como de delimitar o bem jurídico protegido.

Ainda, imperativo consignar que "a maior parte da doutrina acolhe um sentido fraco da idoneidade (ou da adequação), o que equivale afirmar que a medida restritiva, para ser considerada adequada, deve contar com mínima aptidão para realizar o fim por ela almejado".[393] Logo, para que seja superado o filtro da adequação, basta que se vislumbre, ainda que em grau mínimo, a eficiência da medida restritiva

---

[390] Laurentis, 2015.
[391] Sousa Filho, 2019, p. 311.
[392] Sousa Filho, 2019, p. 311.
[393] Sousa Filho, 2019, p. 283.

para a promoção do fim almejado, estando a se tratar de uma versão fraca do subjuízo da adequação, em que somente se exige a possibilidade de violação ao bem jurídico, não sendo demandada a ocorrência de uma lesão efetiva.

Quanto ao primeiro passo, a fim de identificar o fundamento gerador da norma, há que se recorrer ao Projeto de Lei nº 2.234/2021, que culminou na modificação legislativa ora analisada, mais especificamente à parte da sua justificação. Nesse ponto, percebe-se que a justificativa para a apresentação do projeto encontra-se lastreada não apenas no suposto montante de operações da lavagem de dinheiro praticadas com criptoativos, como também na dificuldade de rastreabilidade dessas operações, visto que, "atualmente, ainda não há controle adequado sobre as transações envolvendo criptoativos".[394]

A justificativa ainda cita que "as atividades acontecem convertendo as moedas digitais adquiridas de maneira ilegal para dinheiro convencional, sem registrar dados pessoais dos usuários", deixando expressamente registrado o objetivo principal do novo dispositivo, ao asseverar que, enquanto não estabelecido o controle das operações, "mostra-se necessário o endurecimento das penas para a prática do crime de lavagem de dinheiro com a utilização de criptomoedas".[395]

Assim, verifica-se que o objetivo do Projeto de Lei nº 2.234/2021, ao promover o aumento das penas, é evitar a consumação do delito em referência, haja vista que mais fácil se torna sua concretização quando ocorre o emprego de criptoativos, que fazem parte de uma tecnologia moderna, sobre a qual os órgãos de fiscalização ainda não detêm a capacidade esperada de exercer o devido controle das operações financeiras.

Sobre o segundo passo, a dizer, sobre a delimitação do bem jurídico tutelado, cumpre destacar que exaustivas explanações foram tecidas ao longo do item 2.1.2 desta obra. E a partir de tudo o que se discorreu na oportunidade, foi possível constatar que, atualmente, dentre as correntes que versam acerca do bem jurídico tutelado na lavagem de capitais, duas são as que encontram maior aceitação na doutrina brasileira.

Para uma das correntes, a tipificação do crime de lavagem busca proteger a administração da Justiça, já que a prática delitiva acaba por induzir a erro as autoridades responsáveis pela persecução penal,

---

[394] Brasil, 2021a.
[395] Brasil, 2021a.

obstaculizando o acesso às informações e ações inerentes a cada uma das fases do delito.

Já para a outra corrente, a previsão da figura penal busca tutelar o bem jurídico "ordem econômica", preservando, principalmente, a regularidade, a transparência, a credibilidade e a estabilidade do mercado financeiro, diretamente afetadas pela prática de condutas que proporcionam situação de desigualdade entre os *players* de mercado.

Logo, passa-se a analisar se a finalidade da criação da lei, efetivamente, afigura-se compatível com o bem jurídico protegido pelo tipo penal, adotando como premissa o fato de que as causas de aumento de pena precisam ter referibilidade, isto é, precisam estar ancoradas em uma modalidade de agressão do bem jurídico que seguramente seja mais grave do que as formas ordinárias.[396] Neste ponto, é necessário tecer breves explanações.

As causas de aumento de pena, também conhecidas como majorantes, são tidas como causas modificadoras da pena, estabelecendo uma variação em sua aplicação. Em outras palavras, "são circunstâncias legais específicas, a ponto de obrigar o juiz a aplicar elevação da pena em quantidades estabelecidas pelo próprio legislador, na forma de cotas fixas ou variáveis".[397]

Sobre a natureza jurídica de tais circunstâncias, David Teixeira de Azevedo assim discorre:

> As circunstâncias do crime são elementos não essenciais à figura típica, localizados à volta do tipo penal, a qualificar a conduta ou o fato enquanto expressão de desvalor destes e da diferenciada culpabilidade do agente. As circunstâncias qualificam o injusto ou a culpabilidade, gerando uma maior ou menor gravidade entitativa do delito ou uma maior ou menor reprovabilidade da conduta.
> (...)

---

[396] Nesse sentido, sobre a diferença de tratamento que motiva a criação das causas de aumento de pena, "o campo e o objeto de análise e o plano valorativo não são a qualidade da ação referida ao agente, considerados o universo circunstancial da conduta humana e a realidade existencial do ato delituoso. A investigação, na perspectiva agora tratada, não se dirige a estabelecer e graduar a reprovabilidade do agente, na determinação e dimensionamento da responsabilidade penal, mas olha o bem jurídico objeto de tutela. O caráter insidioso da ação e a crueza do meio utilizado ligam-se intimamente ao bem jurídico. A ação humana apta à lesão do bem, como dissemos, reveste-se de especial virulência, determinando maior carga negativa em sua supressão. A diminuição ou supressão do bem, por isso, ganha um caráter de maior gravidade" (Azevedo, 2002, p. 62).

[397] Nucci, 2015, p. 134.

Sua presença significa uma mudança qualitativa ou quantitativa do injusto ou da culpabilidade, a representar uma maior virulência de ataque ao bem jurídico, uma modalidade especial da ação que traz em si um especial desvalor do fato, tornando-o mais ou menos grave, ou a significar uma intensidade modulada e diferenciada da culpabilidade, tornando mais ou menos reprovável a conduta do agente.[398]

Dito de outro modo, "as causas de aumento e de diminuição constituem circunstâncias do crime, dotadas de estrutura típica, relacionadas com a quantidade e com a qualidade do injusto".[399] Além disso, "estão intimamente relacionadas com o bem jurídico, grau, modo e intensidade de ataque, as modalidades e formas de execução do fato típico, o local, o tempo, os instrumentos, a qualidade da vítima (...)".[400]

Mariângela Gomes discorre acerca da diferenciação das situações em que se verifica a incidência das circunstâncias agravantes – utilizadas em sentido amplo, muito embora esteja a se referir especificamente às causas de aumento de pena:

> Quanto às situações em que há a incidência de circunstâncias agravantes, é possível observar que algumas delas se justificam por um aprofundamento da ofensa já ínsita à caracterização do crime base; trata-se de elementos que tornam a ofensa maior, mais grave, mais pesada do que seria. *O elemento circunstancial, nestes casos, consiste numa forma de especificação da ofensa de base, numa particular gravidade da ofensa, que o legislador entende não compreendida na incriminação do delito base.*
> *Por outro lado, o agravamento da ofensa pode ser decorrente da modalidade de realização do fato, considerada particularmente agressiva. Assim, por exemplo, pode ocorrer em razão das formas ou modalidades da conduta, do uso de meios considerados mais ofensivos,* da concorrência de circunstâncias de tempo, lugar ou de pessoas que dificultam a defesa, de uma particular qualidade ou situação do sujeito passivo ou do sujeito ativo, da existência de uma relação especial entre sujeito ativo e passivo, da natureza ou qualidade do objeto material do crime.[401]

Ademais, tendo em vista que o bem jurídico comporta diferentes maneiras e graus de agressão, a criação das causas de aumento de pena deve ser concebida como a metodologia jurídica adotada pelo

---

[398] Azevedo, 2002, p. 56-57.
[399] Azevedo, 2002, p. 80.
[400] Azevedo, 2002, p. 80.
[401] Gomes, 2014, p. 193, grifos nossos.

legislador, a fim de fornecer respostas específicas às diferentes maneiras e intensidades de violação ao bem jurídico. Trata-se, assim, de opção que busca "incrementar a eficácia ameaçadora da pena, aumentando a pena cominada de maneira ponderada em relação à ofensividade integral do fato".[402]

Assim, haja vista que "o risco de lesão ou a maior ou menor extensão lesiva modulam-se normativo-axiologicamente, rendendo uma maior ou menor carga punitiva",[403] as causas de aumento de pena, ao trazerem para si o ônus de restrição do princípio da individualização da pena, só devem ser admitidas quando instituídas em prol da criação de sanções incidentes sobre condutas que concretamente afetem o bem jurídico de maneira mais acentuada.[404]

As causas de aumento de pena objetivam, desse modo, a preservação do bem jurídico e do valor social por ele expressado, elevando-se o patamar quantitativo de pena para trazer respostas mais duras àquelas condutas que apresentem maior ameaça ou efetiva lesão ao bem jurídico. Esse é o racional exigido para a elaboração de causas de aumento de pena que, como visto, representam um *plus* aos preceitos básicos formadores do tipo penal.

Isso posto, em continuidade, em um primeiro plano, compreendendo que o bem jurídico tutelado pela norma penal é a ordem econômica, é possível concluir pela adequação da alteração promovida no artigo 1º, §4º, da Lei nº 9.613/1998.

É que a prática da lavagem de capitais, realizada com o emprego de criptoativos, efetivamente afeta a ordem econômica em maior medida quando comparada com as formas usuais, pois as dificuldades de fiscalização, traço marcante do uso de criptoativos, possuem, de fato, aptidão para incentivar a prática de mais crimes, haja vista que os agentes criminosos, confiantes e sabedores das boas chances de assegurar a ocultação e usufruto dos produtos ilícitos, tendem a praticá-los com maior frequência.

Sob o outro plano, caso se considere que o bem jurídico protegido pelo tipo penal é a administração da Justiça, de igual maneira,

---

[402] Gomes, 2014, p. 193.
[403] Azevedo, 2002, p. 63.
[404] Sobre o tema: "O aumento ou diminuição da pena, segundo as escalas previstas nas causas a ela relativas, ordinariamente não reflete a maior ou menor reprovabilidade do agente, mas busca melhor tutelar o bem jurídico e satisfazer parte das finalidades preventivas da sanção jurídica, já na determinação legislativa da reprimenda" (Azevedo, 2002).

será possível afirmar que a medida legislativa em referência se revela adequada. O motivo é que, sendo esse o bem jurídico, e levando-se em consideração que os criptoativos são mecanismos que facilitam a consumação dos crimes quando comparados com os mecanismos tradicionalmente utilizados, mormente por proporcionarem uma série de dificuldades às investigações empreendidas pelos órgãos de controle, percebe-se que a finalidade pretendida pela alteração legislativa se mostra congruente com aquela utilizada para embasar a criação da norma penal.

Portanto, o filtro da adequação resta superado na ocasião do controle de constitucionalidade do artigo 1º, §4º, da Lei nº 9.613/1998, tanto na hipótese em que seja adotada a concepção de que o bem jurídico que se almeja proteger com a disposição penal é a administração da Justiça, quanto na hipótese em que seja adotada a concepção de que o bem tutelado é a ordem econômica.

Nessas condições, a medida em questão será adequada, vez que se mostra eficiente na persecução de finalidade legítima, a dizer, a de proteger bem jurídico constitucionalmente assegurado, representado pela ordem econômica ou pela administração da Justiça. Ademais, sua adequação também se fará presente diante da aptidão para a obtenção do fim almejado, haja vista que a maior rigorosidade no tratamento dado ao delito pode, em tese, desestimular a ocorrência de crimes de lavagem de dinheiro praticados com o emprego de ativos virtuais.

Desse modo, afigura-se possível perceber que, diante da existência de uma escala gradativa e pré-ordenada dos subprincípios, a primeira etapa da aferição da proporcionalidade resta devidamente superada, já que a norma elaborada é adequada para o alcance da finalidade pretendida com a sua criação.

Em continuidade, passa-se a analisar se a causa de aumento de pena é necessária e proporcional em sentido estrito.

b) Teste da necessidade

No teste da necessidade, deve ser analisada a moderação e a racionalidade na escolha do meio utilizado para solucionar o conflito,[405] de forma que "uma medida será considerada como necessária quando a realização da finalidade almejada não puder ser promovida com, no

---

[405] Sousa Filho, 2019.

mínimo, a mesma eficácia, por meio de outro meio que restrinja, em menor medida, o direito fundamental (ou interesse) por ela afetado".[406]

Assim, deve ser escolhida a alternativa que, dentre todas aquelas disponíveis para dirimir o conflito, afigure-se a menos onerosa, ou seja, promova o menor dano sobre os direitos do infrator. E "se dessa avaliação resulta a conclusão que o meio efetivo pode ser substituído por outro, igualmente adequado, mas com menor onerosidade aos afetados, a norma analisada será considerada inconstitucional".[407]

Na situação ora analisada, tendo em vista que o objetivo da referida causa de aumento de pena é desestimular infratores a empregar criptoativos na lavagem de capitais, por ser hipótese delitiva que proporciona dificuldades inúmeras aos órgãos de persecução penal, entende-se que a medida legislativa se revela necessária.

Isso se explica porque, tratando-se a operacionalização de criptoativos de um fenômeno bastante recente, especialmente quando comparado ao ano em que fora sancionada a Lei de Lavagem de Capitais, a dizer, 1998, nota-se que não havia no ordenamento jurídico nenhuma outra medida, no campo penal, capaz de regular situações como essa.

Portanto, em vista dessas exposições, tem-se que a alteração promovida é necessária pois, para a persecução da finalidade pretendida com o endurecimento das penas, qual seja, a de reduzir a incidência dos crimes de lavagem praticados sob condições manifestamente difíceis de serem detectadas, não existia medida menos onerosa e com a mesma eficácia. Em verdade, sequer existia outra medida que abarcava a utilização de criptoativos, tecnologia moderna e altamente capaz de obstaculizar o acesso da justiça às informações referentes às operações e aos dados dos infratores.

c) Teste da proporcionalidade em sentido estrito

No último estágio do controle de constitucionalidade das leis, há que se proceder ao teste da proporcionalidade em sentido estrito, momento em que será realizada "a verificação do equilíbrio entre os ganhos de proteção ao bem jurídico e o sacrifício de direitos fundamentais impostos pela lei penal".[408]

---

[406] Sousa Filho, 2019, p. 284.
[407] Laurentis, 2015, p. 185.
[408] Sousa Filho, 2019, p. 311.
Sousa Filho, 2019, p. 311.

De maneira sucinta, adotando como referência o dispositivo legal de natureza penal, cuida-se de analisar "se as vantagens que promove superam as desvantagens que provoca",[409] realizando-se "um sopesamento entre a intensidade da restrição provocada pela medida questionada e a importância da realização do interesse que é promovido com a sua adoção".[410]

É que o sacrifício do direito fundamental afetado pela medida não pode ser excessivo, devendo haver um equilíbrio entre o grau de intensidade da restrição e as vantagens por ela proporcionadas. A proporcionalidade em sentido estrito demanda, assim, "que o direito fundamental não seja prejudicado em maior grau do que o benefício alcançado".[411]

Feita essa breve explicação, antes de mencionar os impactos da medida legislativa sobre os direitos fundamentais dos infratores, é oportuno contextualizar que a opção do legislador parece não ter se pautado em uma métrica adequada, isto é, parece não ter se embasado em uma justificativa condizente com o racional aplicado aos demais institutos penais.

Isso se dá porque a alteração operada sobre o artigo 1º, §4º, da Lei nº 9.613/1998, promovida pela Lei nº 14.478/2022, equiparou, para fins de aumento de pena, as hipóteses em que o crime de lavagem é praticado com a utilização de criptoativos, àquelas em que o crime é praticado através de organização criminosa, de modo a prever que "a pena será aumentada de 1/3 (um terço) a 2/3 (dois terços) se os crimes definidos nesta Lei forem cometidos de forma reiterada, por intermédio de organização criminosa ou por meio da utilização de ativo virtual".

Dito de outro modo, para hipóteses em que o grau de reprovabilidade das condutas é consideravelmente distinto, o legislador optou por conceder o mesmo tratamento. Na hipótese de crimes de lavagem praticados por intermédio de organização criminosa, está-se a referir aos delitos praticados por grupos compostos por quatro ou mais pessoas, que se associam de forma estruturada, ordenada, com divisão de tarefas, com o objetivo de praticar infrações penais cujas penas máximas sejam superiores a quatro anos, ou que sejam de caráter transnacional.[412] Trata-se, inclusive, de circunstância que por si só

---

[409] Ávila, H., 2006, p. 146.
[410] Sousa Filho, 2019, p. 311.
[411] Rebouças Júnior, 2019, p.67.
[412] "Art. 1º Esta Lei define organização criminosa e dispõe sobre a investigação criminal, os meios de obtenção da prova, infrações penais correlatas e o procedimento criminal a ser aplicado.

constitui crime próprio, previsto no ordenamento jurídico pela Lei nº 12.850/2013, que prevê, em seu artigo 2º,[413] uma vez consumado o tipo penal, a pena de reclusão de 3 a 8 anos e multa.

Já nas hipóteses de crimes de lavagem praticados com o emprego de criptoativos, não há a configuração de nenhum delito autônomo, até porque, como já mencionado anteriormente, a operacionalização e o armazenamento de criptoativos é atividade intrinsecamente lícita. A opção feita pelo legislador ao inserir a circunstância no rol de causas de aumento de pena se deu exclusivamente pelo fato de que essa metodologia, quando empregada nos crimes de lavagem, proporciona muitas dificuldades aos órgãos de controle, reduzindo as possibilidades de detecção das atividades ilícitas.

À vista disso, percebe-se que o legislador não adotou parâmetros razoáveis ao conferir tratamento idêntico às hipóteses em que a lavagem de capitais é praticada por meio de organização criminosa, grupos com um grau de reprovabilidade tão alto a ponto de demandarem a criação de tipo penal específico, bem como àquelas em que há a simples utilização de criptoativos, meio utilizado para a prática delitiva, que não constitui crime autônomo, e que, apenas hipoteticamente, facilita a consumação do crime.

Foram justamente essas as conclusões alcançadas por Natasha do Lago e Luísa de Barros Rossi:

> (...) a inclusão de ativos virtuais como causa de aumento não parece observar o princípio da proporcionalidade que deve guiar o legislador. Nas duas outras hipóteses previstas, a pena é automaticamente aumentada quando o agente se utiliza de instrumento contrário, em si, ao ordenamento (a "organização criminosa) ou incorre repetidamente em crime ("de forma reiterada). *A utilização de ativo virtual, porém, não possui desvalor autônomo que justifique o aumento de pena*, prestando-se apenas, também aqui, a suprir demanda irracional por recrudescimento punitivo.[414]

[§1º] Considera-se organização criminosa a associação de 4 (quatro) ou mais pessoas estruturalmente ordenada e caracterizada pela divisão de tarefas, ainda que informalmente, com objetivo de obter, direta ou indiretamente, vantagem de qualquer natureza, mediante a prática de infrações penais cujas penas máximas sejam superiores a 4 (quatro) anos, ou que sejam de caráter transnacional" (Brasil, 2013a).

[413] Brasil, 2013a.

[414] Lago; Rossi, 2023, p. 132-133, grifos nossos.

Além disso, importante expor que a pena mínima cominada ao crime de lavagem de dinheiro através da utilização de ativos virtuais passou a ser de 4 anos, equivalendo, surpreendentemente, ao dobro da pena mínima de 2 anos, cominada ao crime de tortura,[415] que é até mesmo equiparado a crime hediondo – conforme dispõe o artigo 2º da Lei nº 8.072/1990 –[416] e ao crime de redução a condição análoga à de escravo,[417] incidente naquelas situações em que outros seres humanos são submetidos a trabalhos forçados, jornadas exaustivas, condições degradantes de trabalho, bem como a restrições à liberdade de locomoção em razão de dívida contraída com o empregador.

Também nessa linha, causa espanto que a pena mínima cominada ao artigo 1º §4º, da Lei nº 9.613/1998 tenha passado a ser de 4 anos,[418] considerando sua incidência na fração mínima de aumento, igualando-se, dessa maneira, à pena mínima cominada ao crime de tráfico de pessoas,[419] que incide sobre situações em que, mediante violência, grave ameaça, coação, ou abuso, agentes aliciam, agenciam, transportam, compram ou recrutam outra pessoa com a finalidade de i) remover-lhe órgãos, tecidos ou partes do corpo; ii) submetê-la a trabalho em condição análoga à de escravo; iii) submetê-la a qualquer tipo de servidão; iv) adoção legal; v) exploração sexual.

Ao que parece, o grau de reprovabilidade das condutas descritas nos tipos penais antes mencionados e no tipo penal de lavagem de dinheiro a partir do uso de ativos virtuais é inquestionavelmente distinto, sendo muito maior nas primeiras hipóteses.

Em continuidade, outro ponto que merece destaque é a premissa utilizada pelo legislador quando da elaboração da justificação do Projeto de Lei nº 2.234/2021, visto que ela se encontra dissonante das pesquisas globais específicas direcionadas ao tema.

É que, ao trazer a justificativa para a apresentação do Projeto de Lei, o legislador menciona, equivocadamente, que "a maioria das operações de lavagem de dinheiro no mundo acontece através de apenas algumas centenas de endereços que utilizam contas de criptomoedas".[420]

---

[415] Brasil, 1997, art. 1º.
[416] Brasil, 1990.
[417] Brasil, 1940, art. 149.
[418] Brasil, 1998a.
[419] Brasil, 1940, art. 149-A.
[420] Brasil, 2021a.

No entanto, como já destacado no item 2.2 desta obra, as operações criptomonetárias associadas aos crimes de lavagem de dinheiro correspondem a percentual pouco significativo – abaixo de 1% em 2021– quando comparadas com as formas tradicionais da lavagem, que envolvem moedas fiduciárias. O relatório divulgado pela empresa Chainalysis, em 2022, demonstrou, inclusive, que o montante de criptomoedas ligadas às atividades de lavagem de dinheiro no ano de 2021, isto é, no ano da propositura do projeto de lei, em que pese ter atingido um total de 8,6 bilhões de dólares, ainda representa percentual pouco significativo quando comparado à totalidade de recursos lavados anualmente, estimado pela UN Office of Drugs and Crime entre 800 bilhões e 2 trilhões de dólares.[421]

Diante disso, é possível constatar que a preocupação do legislador ao instituir a causa de aumento de pena, não obstante compreensível do ponto de vista intuitivo, pouca importância prática adquire sob a ótica da proteção do bem jurídico, haja vista que os valores lavados através de criptomoedas são irrisórios quando comparados àqueles lavados de maneira tradicional, por meio de moedas fiduciárias.

Assim, uma vez elencadas algumas informações circunstanciais necessárias à análise da razoabilidade da medida, passa-se ao momento de examinar as desvantagens da criação da causa de aumento de pena, isto é, os impactos produzidos sobre o direito fundamental à liberdade dos infratores. Tais impactos, como se verá, consistem especialmente na vedação à concessão de alguns benefícios, de modo que se transita de respostas alternativas à prisão à privação de liberdade propriamente dita.

Em primeiro lugar, como se pode inferir da leitura do artigo 1º da Lei nº 9.613/1998, a pena cominada aos sujeitos que incorrem na prática dos crimes de lavagem de dinheiro é de reclusão, de 3 a 10 anos, e multa. Com a incidência da causa de aumento prevista no §4º, do artigo 1º, que abarca as hipóteses em que o crime é praticado com a utilização de ativos virtuais, a pena mínima cominada ao infrator passou a ser de 4 anos, isso considerando que o aumento da pena aplicado ao caso concreto se dará na fração mínima legal, a dizer, dois terços.[422]

Examinando inicialmente a possibilidade de substituição da pena privativa de liberdade por restritiva de direitos nos casos de

---

[421] Chainalysis, [2022].
[422] Brasil, 1998a.

condenação pelo artigo 1º, §4º, da Lei nº 9.613/1998,[423] observa-se que essa hipótese somente será possível caso o infrator seja condenado à pena mínima prevista no tipo penal, e, ainda, caso seja a ele aplicada a causa de aumento em seu patamar mínimo. As possibilidades de incidência dessas circunstâncias, que devem ocorrer de maneira cumulada, afiguram-se pequenas, especialmente quando se atenta para o fato de que, na situação concreta, nenhuma circunstância judicial desfavorável poderá ser atribuída ao réu, haja vista que, caso contrário, a pena mínima aplicada pelo juiz desprender-se-á do mínimo legal.

Isso se justifica pois o artigo 44, I, do Código Penal,[424] deixa expressamente registrado que, para além de outros requisitos, as penas restritivas de direito só poderão ser cumpridas pelo sujeito condenado à pena privativa de liberdade não superior a 4 anos.

Logo, como primeira conclusão, identifica-se que a medida adotada acaba por reduzir demasiadamente as chances de que o condenado seja contemplado com a substituição da pena privativa de liberdade pela pena restritiva de direitos, nos moldes do artigo 44 do Código Penal.

Adiante, além da situação narrada, verifica-se que a alteração promovida no artigo 1º, §4º, da Lei nº 9.613/1998, fulmina a possibilidade de que o investigado celebre acordo de não persecução penal, disposto no artigo 28-A do Código de Processo Penal, o que permitiria o cumprimento de medidas alternativas à privação de liberdade.

Como se nota da redação do dispositivo, além do preenchimento de outros requisitos de ordem subjetiva e objetiva, o investigado só terá direito a celebrar o mecanismo negocial caso a pena cominada ao tipo penal supostamente praticado seja inferior a 4 anos, levando-se em conta a incidência de causas de aumento e diminuição.[425] Essa situação, como mencionado, não ocorre na hipótese sob análise, pois ainda que a pena

---

[423] Brasil, 1998a.
[424] "Art. 44. As penas restritivas de direitos são autônomas e substituem as privativas de liberdade, quando:
I - *aplicada pena privativa de liberdade não superior a quatro anos* e o crime não for cometido com violência ou grave ameaça à pessoa ou, qualquer que seja a pena aplicada, se o crime for culposo (...)" (Brasil, 1940, grifos nossos).
[425] "Art. 28-A. Não sendo caso de arquivamento e tendo o investigado confessado formal e circunstancialmente a prática de infração penal sem violência ou grave ameaça e *com pena mínima inferior a 4 (quatro) anos*, o Ministério Público poderá propor acordo de não persecução penal, desde que necessário e suficiente para reprovação e prevenção do crime, mediante as seguintes condições ajustadas cumulativa e alternativamente:
§1º Para aferição da pena mínima cominada ao delito a que se refere o *caput* deste artigo, serão consideradas as causas de aumento e diminuição aplicáveis ao caso concreto" (Brasil, 1941, grifos nossos).

seja fixada no mínimo legal e que a causa de aumento incida em sua fração mínima, a pena final cominada será de quatro anos.

Assim, como segunda e última conclusão, percebe-se que a nova redação dada ao artigo 1º, §4º, da Lei nº 9.613/1998, suprimiu dos investigados a possibilidade de serem contemplados com o acordo de não persecução penal, de modo que a privação de liberdade somente não será aplicada em conjecturas pouco prováveis, em que seja possível a substituição da pena por restritiva de direitos.

Portanto, tem-se que, em síntese, as principais desvantagens da medida, consubstanciadas em restrições imediatas a direitos fundamentais dos infratores (direito à liberdade)[426] podem ser assim dispostas: i) redução, quase em sua totalidade, da possibilidade de substituição da pena privativa de liberdade pela restritiva de direitos;[427] ii) vedação à celebração do acordo de não persecução penal.[428]

E rememorando-se o objetivo (vantagem) da medida, verifica-se que ela consiste na punição mais rigorosa dos infratores e no desincentivo aos demais sujeitos quanto à utilização de ativos virtuais nas atividades de lavagem de capitais.

Assim, em vista de todas as circunstâncias elencadas, uma vez analisada a ausência de racionalidade legal e empírica existente na medida adotada, em conjunto com as restrições diretas provocadas sobre o direito fundamental à liberdade dos infratores, não há outra conclusão que possa ser alcançada senão a de que a criação da causa de aumento de pena em referência configura alteração desproporcional em sentido estrito.

A restrição de direitos imposta é manifestamente maior do que o grau de promoção da finalidade perseguida, até porque, como mencionado, além de amparar-se em premissa equivocada para a sua criação, bem como equiparar, para fins de aumento de pena, situações cujo grau de reprovabilidade é imensamente distinto, a alteração promovida praticamente suprimiu a concessão de benefícios aos infratores, impondo-lhes a pena privativa de liberdade como consequência imediata.

Ao concretizar uma alteração que impede a concessão de benefícios, estabelecendo a privação de liberdade como resposta penal, haveria que se exigir do legislador um ônus argumentativo e um grau

---

[426] Brasil, 1988.
[427] Brasil, 1941.
[428] Brasil, 1941.

de certeza muito maiores, devendo ser igualmente demonstrado por quais razões a resposta penal anteriormente dada se mostrava insuficiente, isto é, se mostrava incapaz de tutelar, de maneira efetiva, o bem jurídico que se visava defender com a criação do tipo penal.

Desse modo, conclui-se que as vantagens obtidas com a alteração do artigo 1º, §4º, da Lei nº 9.613/1998, são absolutamente menores do que as desvantagens promovidas por ela, de modo que o legislador acabou por restringir desproporcionalmente direitos fundamentais assegurados pela Constituição Federal.

4.3 Solução intermediária: a aplicação da interpretação conforme a constituição

A partir da metodologia aplicada no item anterior, foi possível atestar a inconstitucionalidade da causa de aumento de pena inserida no artigo 1º, §4º, da Lei nº 9.613/1998, haja vista que a criação legislativa ocasionou restrição desproporcional aos direitos fundamentais dos infratores. Assim, à primeira vista, a resposta imediata e mais apropriada seria que o STF, corte constitucional do país, procedesse à declaração de inconstitucionalidade do dispositivo indicado.

No entanto, a adoção dessa medida implica drástica intervenção, sendo a anulação de atos legislativos por juízes uma matéria sensível, possivelmente ocasionadora de tensionamento incomum entre o Poder Judiciário e o Poder Legislativo, o último a quem incumbe originalmente a tarefa de legislar. Além disso, há que se considerar que, nos últimos anos, o comportamento da Corte Constitucional brasileira vem apontando a adoção de uma postura mais contida nesse ponto, o que revela que o estado da arte no Direito brasileiro se caracteriza por uma maior contenção do Judiciário no que tange à declaração da inconstitucionalidade das normas, especialmente no campo do Direito Penal, em evidente posição de deferência ao legislador.[429]

---

[429] Auxiliando o esclarecimento desse cenário de controle de normas, o trabalho desenvolvido por Sara de Assis Aquino (2023, p. 156) se propôs, dentre outras coisas, a analisar as decisões proferidas pelo STF em matéria de controle de constitucionalidade de leis penais, no período entre 2000 e maio de 2023. Ao final, a pesquisa revelou "uma baixa incidência da verificação de legitimidade das leis criminais pelo STF", sendo também identificado que, quanto ao "mérito das decisões, a jurisprudência mostra uma tendência maior de a Corte declarar a inconstitucionalidade normas penais e processuais penais no caso de vícios formais, ainda que a eles se somem fundamentos relacionados à violação material".

Em que pese tenha a Constituição Federal tenha sido promulgada há mais de 30 anos, ampliando demasiadamente o rol de garantias penais e processuais penais, a declaração de inconstitucionalidade de normas penais pelo STF é pouco expressiva, ocorrendo em remotas hipóteses, contradizendo, assim, "o que se espera do controle constitucional rigoroso da lei criminal, considerando tratar-se da forma mais grave de intervenção na liberdade individual".[430] Em conclusão, Sousa Filho muito bem expõe que "a jurisdição constitucional brasileira controla pouco (quantitativamente) e com baixo rigor (com excessiva deferência ao legislador) a constitucionalidade das normas penais".[431]

A fim de exemplificar a postura de autocontenção, recentemente, no julgamento da Medida Cautelar na Ação Direta de Inconstitucionalidade nº 5795, o STF referendou que "o poder de controlar a inconstitucionalidade de leis e atos normativos vem associado a elevado encargo no que diz respeito à fundamentação do ato decisório. Desse modo, a lei ou decreto para ter reconhecida sua inconstitucionalidade e declarada sua nulidade, pelo Poder Judiciário, há de estar em manifesto e incontornável conflito com a Lei Fundamental".[432]

Diante desse cenário, solução que se acredita ser mais compatível com o estágio vivenciado pelo Poder Judiciário brasileiro e, simultaneamente, com a própria Constituição Federal, é tida pela aplicação, ao dispositivo em comento, da metodologia da interpretação conforme. Trata-se de solução intermediária que, nos termos do voto proferido pelo ministro Gilmar Mendes quando do Julgamento da ADI nº 2.240/BA, em 2007, consiste na adoção de "uma fórmula que, reconhecendo a inconstitucionalidade da lei impugnada (...) resguarde na maior medida possível os efeitos por ela produzidos".[433]

A interpretação conforme a Constituição representa uma técnica moderna de análise constitucional dos dispositivos, que confere certo grau de liberdade ao Poder Judiciário, propiciando condições de solucionar o impasse decorrente da mera declaração de inconstitucionalidade.

Além disso, aludida solução encontra-se em total sintonia com as considerações feitas por Niklas Luhmann, que sustenta que, no Estado

---

[430] Aquino, 2023, p. 167.
[431] Sousa Filho, 2019, p.143.
[432] Brasil, 2022c.
[433] Na ocasião, discutia-se a constitucionalidade da Lei Estadual da Bahia que criou o município de Luís Eduardo Magalhães, tendo em vista a existência de vício no processo legislativo, o que levaria à declaração de inconstitucionalidade (Brasil, 2007).

Democrático de Direito, o ponto de convergência entre o Direito e a Política é a própria Constituição.[434] Melhor esclarecendo a importância dessa metodologia interpretativa em um contexto marcado pela dependência recíproca entre os sistemas jurídico e político, é necessário observar que "a Constituição promove o intercâmbio permanente de elementos jurídicos e políticos, o que, em última análise, gera consequências políticas em todas as decisões tomadas pelo juiz constitucional, bem como dinamiza a interpretação constitucional".[435] A Constituição Federal há que ser concebida como o elo entre os Poderes Legislativo, a quem incumbe tipicamente o dever de legislar, e o Poder Judiciário, no exercício de sua função particular de aplicação do direito para solução das lides.

Não é tarefa fácil precisar em qual país originou-se a interpretação conforme a Constituição, podendo notar que Estados Unidos e Alemanha, cada um a seu modo, promoveram a criação de uma interpretação apta a conformar a norma ao texto da Constituição.[436] Não obstante, fato é que a utilização da interpretação conforme a Constituição foi registrada, no Brasil, pela primeira vez, no ano de 1999, durante o julgamento da Representação nº 1.417/DF, que buscava discutir a alteração da interpretação do artigo 65, §3º, da Lei Orgânica da Magistratura Nacional.[437] A partir daí, o mecanismo passou a ser empregado em inúmeras outras ocasiões, muito embora algumas ressalvas necessitem ser feitas a respeito de sua forma de aplicação.

---

[434] Luhmann, 2002, p. 68; 90 e ss.
[435] Aquino, 2023, p. 30.
[436] Sara de Assis Aquino (2023, p. 40; 81-82) assim discorre sobre as semelhanças e diferenças entre as interpretações normativas desenvolvidas e praticadas por cada um dos países: "A definição da origem da interpretação conforme a Constituição é complexa e ambivalente. Cronologicamente, os Estados Unidos saíram na frente, com precedentes que indicavam a necessidade de uma interpretação normativa com objetivo de conformar-se ao texto constitucional. O crescimento das decisões interpretativas no direito estadunidense, entretanto, não é linear. De outro lado, o método interpretativo surge, na Alemanha, a partir da necessidade do sistema, e não como reprodução da jurisprudência norte-americana, e possui seus fundamentos próprios. (...) Em ambos os países, o escopo da técnica é o mesmo – a criação de uma interpretação normativa com objetivo de conformar a norma ao texto constitucional. No direito norte-americano, a interpretação conforme baseia-se sobretudo na noção de que a declaração de inconstitucionalidade é um ato excepcional. Por outro lado, no direito alemão, a técnica é um contrapeso ao monopólio do controle constitucional do Tribunal Constitucional, já que permite aos tribunais comuns adequar a interpretação da lei ao que se coaduna com a Constituição, sem necessariamente submeter a questão à Corte Constitucional".
[437] Brasil, 1999.

Sobre o tema, ainda hoje remanescem discussões a respeito da natureza jurídica da interpretação conforme a Constituição, havendo aqueles que entendem se estar diante de uma regra geral para a aplicação das normas, e aqueles que entendem se tratar de mecanismo próprio do controle constitucional. Enquanto regra geral, enxerga-se a interpretação conforme como um princípio constitucional que deve guiar as normas de acordo com os fins e valores da Constituição, ao passo que, enquanto mecanismo específico de controle de constitucionalidade, a interpretação conforme é concebida como uma técnica destinada a avaliar a compatibilidade da norma com a Constituição.[438]

Para Luiz Guilherme Marinoni, a interpretação conforme "não constitui método de interpretação, mas técnica de controle de constitucionalidade. Constitui técnica que impede a declaração de inconstitucionalidade da norma mediante a afirmação de que ela tem um sentido – ou uma interpretação – compatível com a Constituição".[439]

E até mesmo autores como Luís Roberto Barroso, que indicam se tratar de um princípio geral de interpretação, referendam o uso do método para "buscar uma interpretação que não seja a que decorre da leitura mais óbvia do dispositivo",[440] referindo-se, assim, a uma técnica própria de controle de constitucionalidade. Ao fim e ao cabo, na definição trazida por Sara de Assis Aquino, "a interpretação conforme é o meio pelo qual os tribunais mantêm a norma no ordenamento, conferindo-lhe um sentido compatível com a Constituição, nas situações em que, da polissemia semântica do enunciado normativo, decorre uma interpretação inconstitucional da norma".[441]

Em continuidade, acerca dos fundamentos dogmáticos dessa forma de interpretação normativa, Sara de Assis Aquino estabelece que seriam três as principais premissas metodológicas para a aplicação da interpretação conforme a Constituição: i) distinção entre texto e norma; ii) a unidade da Constituição e iii) a presunção de constitucionalidade das leis e dos atos do poder público.[442]

A primeira, consiste na distinção entre o texto da lei, adotado como ponto de partida e, ao mesmo tempo, limite para a atuação do

---

[438] Aquino, 2023.
[439] Marinoni; Mitidiero; Sarlet, 2012, p. 1056-1057.
[440] Barroso, 2009, p. 194.
[441] Aquino, 2023.
[442] Aquino, 2023.

intérprete,⁴⁴³ da vontade expressada pela norma, que pode ser aferida a partir da investigação da razão de criação da lei (*ratio legis*). Assim, ao texto de uma lei poderão ser empregadas distintas interpretações, devendo-se avaliar todos os elementos que nortearam a sua elaboração. Conclui-se, portanto, que "a distinção entre texto e norma revela que o ato de interpretar distancia-se de uma atividade meramente declaratória e passiva do intérprete. A norma é o resultado do processo interpretativo, que considera não apenas o texto da norma, mas as circunstâncias fáticas e jurídicas relevantes".⁴⁴⁴

Sobre a segunda, isto é, acerca da unidade da Constituição, esta seria um princípio segundo o qual "todo o direito constitucional deve ser interpretado evitando-se contradições entre suas normas",⁴⁴⁵ de modo a impedir a ocorrência de interpretações desconexas, isoladas e que não reflitam o real conteúdo da Constituição. Além disso, esse princípio determina a necessidade de conformação formal e material das normas com a Constituição, sendo exigido, na primeira hipótese, para a alteração do texto Constitucional, a observância às regras já estabelecidas no processo de produção legislativa, e na segunda hipótese, a compatibilidade das leis e das disposições infralegais aos parâmetros materiais normativos da Lei Maior.⁴⁴⁶

A unidade da Constituição, portanto, "ampara as técnicas interpretativas no controle constitucional porque estabelece i) a relação de interdependência entre as normas constitucionais, a serem harmonizadas a despeito de eventuais contradições e ii) a integração hierárquica das normas infraconstitucionais com os postulados constitucionais".⁴⁴⁷

A terceira e última premissa, a dizer, a presunção de constitucionalidade das leis e dos atos do poder público, também denominada de princípio de conservação da norma, veicula o argumento de que referidas leis e atos são, a princípio, constitucionais, devendo toda inconstitucionalidade ser devidamente provada por aquele que a sustentou.⁴⁴⁸ No entanto, como já indicado no tópico anterior, acredita-se que há uma exceção quando se está diante do controle judicial de normas que restringem garantias fundamentais, devendo a aludida presunção

---

⁴⁴³ Neves, 1993.
⁴⁴⁴ Aquino, 2023, p. 82.
⁴⁴⁵ Bastos, 1999, p. 102.
⁴⁴⁶ Aquino, 2023.
⁴⁴⁷ Aquino, 2023, p. 59.
⁴⁴⁸ Aquino, 2023.

ser mitigada.⁴⁴⁹ Ademais, nesse aspecto, também como já asseverado, essencial que se tenha em mente que o STF vem adotando uma postura de deferência ao legislador, demandando, para a declaração de inconstitucionalidade, a demonstração inequívoca de impossibilidade de superar a incongruência entre a norma e a Constituição. Concebe-se a declaração de inconstitucionalidade, de fato, como uma via excepcional.

Adiante, a doutrina e jurisprudência estabelecem os limites para a utilização da técnica da interpretação conforme a Constituição, indicando-se aqui os que se deve atribuir maior importância: i) o sentido inequívoco do texto normativo; ii) a vontade do legislador; iii) a função de legislador negativo.⁴⁵⁰

O primeiro limite atribuído à técnica de interpretação normativa consubstancia-se no respeito ao "significado possível da proposição normativa, não se admitindo uma interpretação que violente a estrutura verbal do preceito".⁴⁵¹ Muito embora não se exija que a interpretação conferida ao dispositivo reproduza a literalidade de seu teor, demanda-se, inafastavelmente, que haja compatibilidade com o texto da norma, sendo ela a literalidade do limite intransponível do intérprete.⁴⁵²

O respeito à vontade do legislador representa o segundo limite imposto à interpretação conforme a Constituição, subdivide-se em duas correntes de pensamento. A primeira, denominada corrente *objetiva*, que possui como um de seus expoentes Luís Roberto Barroso, busca analisar os elementos objetivos que culminaram na aprovação da norma, isto é, a vontade pretendida pela lei, que defina a sua importância, na medida em que "o que é mais relevante não é a *occasio legis*, a conjuntura em que é editada a norma, mas a *ratio legis*, o fundamento racional que a acompanha ao longo de toda a sua vigência".⁴⁵³ A segunda, denominada corrente *subjetiva*, almeja descobrir o pensamento do legislador quando da criação da lei, isto é, as razões que o levaram a aprová-la. Logo, é imprescindível recorrer "aos documentos e às discussões preliminares, que deram ensejo ao aparecimento da norma".⁴⁵⁴

Nesse aspecto, em que pese se acredite que a diferenciação entre as correntes seja meramente didática, parece ser mais razoável que as

---
⁴⁴⁹ Nesse sentido, cf.: Silva, 2006, p. 197-198.
⁴⁵⁰ Aquino, 2023.
⁴⁵¹ Mendes, 1990, p. 287.
⁴⁵² Aquino, 2023.
⁴⁵³ Barroso, 2009, p. 151.
⁴⁵⁴ Ferraz Júnior, 2009, p. 71.

duas correntes coexistam no processo interpretativo, haja vista que nele deverão ser considerados os aspectos objetivos da norma, assim como o contexto histórico de sua criação e a vontade do legislador (elementos subjetivos). Somente assim poderá ser realizada a interpretação conforme diante do caso concreto, atendendo-se a todas as particularidades da situação sob exame, incluindo a passagem do tempo.[455]

O último limite imposto ao intérprete, vale dizer, a função de legislador negativo, consubstancia-se no "limite interpretativo que impede a utilização da interpretação conforme como instrumento de criação ou correção normativa. Nessa função, a atuação como guardiã da Constituição restringe-se à atividade de retirar do ordenamento as normas conflitantes com o sistema constitucional, sem a pretensão de substituir-se ao legislador".[456] Essa condição é tida como fundamental para balizar o comportamento do intérprete, evitando-se que a Corte Constitucional assuma, de maneira indevida, a função de legislador positivo.[457]

Contudo, o último limite vem sendo relativizado pela Corte Constitucional brasileira há tempos, sob o fundamento de que "a prerrogativa judicial de promover e materializar os direitos fundamentais inviabiliza a função exclusiva de legislador negativo, uma vez que altera a lógica da concepção clássica da separação dos poderes".[458] Assim, "a figura do legislador negativo perde força ante a participação dos tribunais na concretização de garantias constitucionais".[459]

Durante o julgamento de uma ação direta de inconstitucionalidade ocorrida no distante ano de 2006, o ministro Gilmar Mendes já expressava a sua preocupação com o enfrentamento de situações sociais e jurídicas inconstitucionais e a também necessidade de superação da condição

---

[455] Aquino, 2023.
[456] Aquino, 2023, p. 78.
[457] No entanto, extremamente válidas são as críticas trazidas por Virgílio Afonso da Silva (2006, p. 204), que discorre a respeito da confusão existente na relação entre a condição de legislador negativo e a atuação interpretativa da Corte Constitucional: "Quando afirmo que o juiz, ao pretensamente proceder a uma interpretação conforme a constituição, está moldando a lei segundo parâmetros que podem não coincidir com os parâmetros imaginados pelo legislador, não pretendo, com isso, condenar esse proceder, pelo simples fato de que essa é uma implicação natural de todo controle de constitucionalidade e de toda aplicação da lei pelos órgãos judiciários. O que pretendi salientar foi justamente o descompasso entre o que a doutrina prega – respeito ao legislador e à separação de poderes – e os efeitos da interpretação conforme a constituição pode ter, que são justamente os de corrigir ou estender aquilo que a lei dispõe.
[458] Aquino, 2023, p. 191.
[459] Aquino, 2023, p. 191.

de legislador negativo atribuída ao STF, assentando que "a assunção de uma atuação criativa pelo Tribunal poderá ser determinante para a solução de antigos problemas (...), que muitas vezes causam entraves para a efetivação de direitos".[460]

Assim, uma vez esclarecidas a função e a importância da metodologia da interpretação conforme a Constituição no ordenamento brasileiro, bem como estabelecidos alguns parâmetros e limites de sua aplicação, passa-se ao uso desse método na situação submetida a exame, qual seja, a interpretação do artigo 1º, §4º, da Lei nº 9.613/1998 compatível com a Constituição Federal.

Tudo isso, uma vez consideradas outras duas premissas, já expostas nesta obra: i) "quanto mais acentuada a fundamentalidade do Direito e mais intensa for a sua restrição, mais rigoroso seria o teste de compatibilidade com a Constituição a ser realizado pela jurisdição constitucional";[461] ii) "a aplicação conforme a Constituição às normas penais contorna dos dois principais fundamentos da autocontenção judicial: a legitimidade democrática e as consequências jurídicas causadas pela declaração de nulidade absoluta", já que a interpretação conforme "deriva de uma decisão não de inconstitucionalidade, mas de manutenção da norma no ordenamento jurídico".[462]

Assim, em suma, buscar-se-á, no presente caso, através da interpretação conforme, uma alternativa que esteja entre a confirmação da constitucionalidade e o reconhecimento da inconstitucionalidade, mantendo vigente a norma,[463] conferindo a ela um campo de atuação compatível com a Constituição, mais especificamente, ao valor atribuído à temática dos bens jurídicos no que tange à criação de tipos penais e de causas de aumentos de pena.

Além disso, para justificar o esforço que será empreendido para a realização dessa interpretação conforme, atribuindo maior grau de racionalidade à causa de aumento, é imprescindível relembrar que existe uma razão prática fundamental, que confere enorme importância à discussão: a criação da aludida causa de aumento de pena importa, automaticamente, na vedação à concessão dos Acordos de Não Persecução Penal (ANPP) aos infratores, restringindo direitos fundamentais e

---

[460] Brasil, 2006a, p. 145.
[461] Sousa Filho, 2019, p. 138.
[462] Aquino, 2023, p. 153-154.
[463] Aquino, 2023.

incrementando, demasiadamente, as chances de aplicação de penas privativas de liberdade.

Pois bem. Como já mencionado nesta obra, o art. 1º, §4º, da Lei nº 9.613/1998, após a recente alteração, passou a dispor que, nos crimes de lavagem de dinheiro, "a pena será aumentada de 1/3 (um terço) a 2/3 (dois terços) se os crimes definidos nesta lei forem cometidos de forma reiterada, por intermédio de organização criminosa ou por meio da utilização de ativo virtual", sendo certo que a inclusão dos ativos virtuais nessa causa de aumento ocorreu, como expressamente mencionado na justificativa do projeto de lei originário, em decorrência da dificuldade de controlar adequadamente as operações que envolvem criptomoedas.[464]

Ao analisar a literalidade do dispositivo, depreende-se que toda e qualquer operação de lavagem de dinheiro que envolva ativos virtuais será capaz, automaticamente, de demandar a incidência da causa de aumento de pena. Em outras palavras, da leitura original do seu texto, percebe-se que a causa de aumento de pena incidirá sob qualquer hipótese descrita no artigo, pouco importando a efetiva ou a potencial lesão ao bem jurídico.

No entanto, referida interpretação literal distancia-se, em muito, da função político-criminal de legitimação da intervenção penal, e, especialmente, do papel ocupado pelos bens jurídicos no ordenamento, cabendo relembrar, neste ponto, que a definição desses bens é essencial à identificação daquilo que pretende a lei (*ratio legis*), bem como de quais os seus limites de abrangência. Em síntese, "ao bem jurídico se reconhece também uma função teleológica ou interpretativa, cuja atuação se dá no terreno dogmático interpretativo dos tipos penais, condicionando seu sentido e alcance, no momento da aplicação da lei".[465]

Nesse mesmo sentido, ao citar Schunemann, Mariângela Gomes esclarece que "a determinação do bem jurídico assume o importante papel de dirigir, com sua orientação liberal, a concretização da matéria

---

[464] A elaboração do projeto de lei e a consequente criação da causa de aumento de pena reforçam a percepção trazida por Frederico Horta e Adriano Teixeira (2019, p. 18), de que, "contemporaneamente, nota-se na política de repressão à lavagem de capitais uma orientação cada vez mais acentuada para coibi-la por seu desvalor intrínseco: pela dificuldade que a lavagem opõe à apreensão, ao sequestro, ao arresto, ao perdimento e à recuperação de ativos criminalmente obtidos, bem como pela disponibilidade que ela confere, dos ativos provenientes de crimes, aos seus autores ou partícipes, consolidando suas vantagens econômicas ilícitas".

[465] Gomes, 2014, p. 211.

de proibição",⁴⁶⁶ de forma que, "ao abrir as portas para uma dimensão bem mais vasta do que a do mero sentido literal da lei, faz com que os princípios fundamentais do Direito Penal sejam fecundos para a interpretação, e o bem jurídico passa a constituir o seu 'ponto de fuga'".⁴⁶⁷ Para que a incidência de um tipo penal ou de uma causa de aumento de pena seja legítima, esta deverá ser adequada, devendo igualmente a proibição ser compatível com o bem jurídico tutelado.

Portanto, em que pese todas as discussões já explanadas acerca do bem jurídico efetivamente tutelado pelo tipo penal da lavagem de dinheiro, fato é que o dispositivo legal sob comento foi alterado considerando-se a administração da justiça como o bem jurídico protegido, dado que o legislador deixou evidente, ao elaborar o projeto de lei, as suas preocupações com o controle das operações envolvendo criptomoedas, de modo que a causa de aumento deveria ser implementada e aplicada enquanto não se procedesse ao controle adequado e efetivo das operações.

Ocorre que, no caso sob análise, o critério com base no qual deve-se avaliar se a causa de aumento de pena foi implementada de maneira legítima ou não, não pode estar associado unicamente à eventual dificuldade operacional dos órgãos de persecução criminal em matéria de transação criptomonetária. A dificuldade operacional pode, no máximo, ser concebida como um indício de que efetivamente o método de agressão ao bem jurídico foi concretamente grave.

Assim, para verificar se a incidência da causa de aumento de pena é de fato válida, importa analisar, caso a caso, se, naquelas circunstâncias específicas, a utilização dos ativos virtuais promoveu uma forma mais intensa de afronta ao bem jurídico ou se pelo menos o bem foi exposto a risco verdadeiramente mais elevado.

Exemplo fundamental para a compreensão do raciocínio acima trazido, diz respeito ao crime de inserção no comércio de produtos com marca falsificada, em condições objetivas que permitam ao consumidor atestar não se estar diante de um item original, estando o adquirente, portanto, consciente de que se tratava de um produto falso. Nessas situações, para verificar a incidência do tipo penal, será necessário identificar se o interesse tutelado pela norma penal é o de proteger individualmente os consumidores contra produtos enganosos, ou os

---

⁴⁶⁶ Gomes, 2014, p. 212.
⁴⁶⁷ Gomes, 2014, p. 212.

interesses dos titulares das marcas registradas contra a circulação de produtos não originais.[468] Nessa situação, caso se entenda que a norma penal visa tutelar os interesses individuais dos consumidores, o tipo penal não deverá incidir na situação descrita, em que as condições do item (preço, espécie) não foram capazes de enganar o consumidor, já que não houve, nem mesmo potencialmente, possibilidade de ofensa ao bem jurídico objeto de proteção penal. Nisso reside a importância da delimitação do bem jurídico tutelado, sendo imperioso reforçar que todas as análises de incidência do tipo penal deverão ser feitas caso a caso.

E se tal raciocínio se aplica quanto à incidência dos tipos penais, também haverá de ser aplicado quanto à incidência das causas de aumento de pena, que, de igual maneira, promovem restrições a direitos fundamentais, bem como se fundamentam nas mesmas premissas: ocorrência de efetiva ou potencial lesão ao bem jurídico tutelado. No entanto, as causas de aumento de pena possuem um diferencial ainda maior, pois, como já visto, em que pese já existir a criminalização de determinada conduta, isto é, a intervenção mais drástica na vida dos indivíduos (privação da liberdade), elas configuram um acréscimo ao tipo penal, demandando a ocorrência de situações ainda mais graves.

Em verdade, as causas de aumento de pena criam uma presunção de que o bem jurídico foi afetado de maneira mais intensa. Porém, essa presunção não pode ser absoluta porque ela, enxergada distante da análise da realidade empírica, pode violar o princípio da culpabilidade, já que se cria um incremento de responsabilidade penal que não corresponde, na prática, a uma conduta experimentada pelo infrator que tenha, de maneira efetiva, realizado a razão de criação do dispositivo.

Neste ponto, necessário deixar um relevante questionamento: se nas hipóteses em que o crime de lavagem de dinheiro é praticado por meio da utilização de dinheiro em espécie, isto é, de ativos que não deixam rastros e nenhum tipo de registro, não se aplica nenhuma causa de aumento de pena, por qual razão o mero emprego de criptomoedas, atividade potencialmente menos afrontadora ao bem jurídico – visto que todas as transações permanecem imutavelmente registradas sob a forma de criptografia –, demandaria a aplicação automática da causa de aumento de pena? Parece haver uma desproporção considerável.

---

[468] Gomes, 2014.

Por todo o exposto, a interpretação literal do artigo nos leva, de fato, a uma conclusão incompatível com a Constituição Federal, de que todo e qualquer emprego de ativo virtual nos crimes de lavagem de dinheiro demandará a aplicação da causa de aumento de pena. Através da metodologia da interpretação conforme, dever-se-á reduzir, no caso sob exame, o âmbito de incidência da causa de aumento, à luz de sua própria teleologia (propósito), qual seja, a de que o uso de ativos virtuais cria obstáculos efetivamente maiores do que as formas tradicionais.

A referida redução de incidência da norma conforme a Constituição já fora realizada pelo STF em diversas oportunidades, cabendo aqui trazer alguns julgamentos em que assim se procedeu.

No primeiro julgamento, ocorrido em 2020, discutia-se a constitucionalidade do artigo 67, §1º, I, da Constituição de Rondônia, que estabelecia que ficaria o governador "suspenso de suas funções (§1º) nas infrações penais comuns, se recebida a denúncia ou queixa-crime pelo Superior Tribunal de Justiça (inciso I)". Na ocasião, o tema que norteou o debate, portanto, dizia respeito à possibilidade de afastamento automático do governador, do exercício do cargo, uma vez recebida a denúncia pelo STJ.[469]

Durante o julgamento, o ministro Edson Fachin propôs a aplicação da interpretação conforme "para consignar que cabe ao Superior Tribunal de Justiça, no ato de recebimento da denúncia ou no curso do processo, dispor, fundamentalmente, sobre a aplicação de medidas cautelares penais, inclusive o afastamento do cargo".[470] Ao final, o STF manteve a vigência da lei no ordenamento, reparando a inconstitucionalidade mencionada e estabelecendo a necessidade de fundamentação da decisão a fim de legitimar a decretação da cautelar.

Em outra oportunidade, no julgamento do Recurso Extraordinário nº 641.320, cujo tema foi afetado sob o regime de Repercussão Geral nº 432, o STF discutiu o cumprimento de pena em regime menos gravoso ante a falta de vagas em estabelecimento adequado. Ao final, por unanimidade, sob a relatoria do ministro Gilmar Mendes, a Corte decidiu pela fixação de critérios a serem observados pelo juízo da execução penal quando não houver local adequado para o cumprimento de pena nos regimes aberto e semiaberto.[471]

---

[469] Rondônia, 1989 citada por Brasil, 2020.
[470] Brasil, 2020, p. 13.
[471] Brasil, 2016b.

Ao assim proceder, isto é, ao fixar critérios objetivos compatíveis com a Constituição, mais especificamente com o princípio da individualização da pena, a Corte promoveu a interpretação conforme, criando regras gerais a serem observadas pelos juízos da execução. A intervenção do Poder Judiciário permitiu que o cumprimento de pena nos regimes já descritos se afigurasse, de fato, compatível com o comando constitucional.[472]

Portanto, como se nota, é perfeitamente aceitável e, até mesmo possível, haja vista o comportamento adotado pelo STF após o advento da Constituição Federal de 1988, que seja aplicada a interpretação conforme ao caso concreto,[473] para impor que, nos crimes lavagem de dinheiro,

> a pena será aumentada de 1/3 (um terço) a 2/3 (dois terços) se os crimes definidos nesta lei forem cometidos por meio da utilização de ativo virtual, desde que o emprego de tais ativos, na situação concreta examinada, tenha efetivamente dificultado a atuação das autoridades responsáveis pela persecução penal, isto é, tenha afrontado o bem jurídico de maneira mais intensa ou, ao menos, exposto este bem a um risco de lesão maior do que as formas tradicionais.

A liberdade conferida ao Poder Judiciário pelo método interpretativo permitirá que a Corte reinterprete a norma em comento, fazendo com que a decisão de política criminal tomada pelo legislador, não obstante seu baixo grau de racionalidade – como indicado no tópico anterior –, tenha reduzido o seu campo de incidência, devendo incidir somente naquelas hipóteses em que haja lesão efetiva ou, ao menos, potencial concreto de violação ao bem jurídico, desde que mais intenso do que as formas delitivas usuais.

4.4 Consideração crítica: proposta de solução prévia para situações semelhantes

Ultrapassadas as exposições sobre o funcionamento dos Bitcoins e sua incidência no contexto da lavagem de capitais, bem como analisados

---

[472] A aplicação da interpretação conforme a Constituição de maneira semelhante às demais expostas nestes tópicos também foi verificada no julgamento da Ação Direta de Inconstitucionalidade nº 4.109, ocasião na qual o tema objeto de análise foi a constitucionalidade da Lei nº 7.960/1989, que versa sobre a prisão temporária (Brasil, 2022b).
[473] Brasil, 1988, art. 1º, §4º.

os aspectos técnicos que culminaram na apresentação do Projeto de Lei nº 2.234/2021 e na posterior alteração do artigo 1º, §4º, da Lei nº 9.613/1998, resta concluir que o legislador brasileiro optou pela resposta penal como alternativa ao enfrentamento das dificuldades operacionais, vivenciadas pelos órgãos de fiscalização, de exercer o devido controle sobre as operações criptomonetárias.

Visando acompanhar as tendências criminosas que se fazem presentes na sociedade, somado ao apelo popular pela detecção e enfrentamento da criminalidade, o legislador novamente escolheu recorrer às práticas comumente utilizadas na seara legislativa, promovendo mudanças pontuais nas leis penais. Trata-se de alternativa que visa combater a sensação de impunidade e recuperar a credibilidade do Estado perante a sociedade, fomentando, especialmente, o já mencionado fenômeno do "populismo penal", semelhante ao tradicional populismo político, em que medidas são tomadas para atender às imediatas demandas da maior parte da população, sem considerar as consequências reais trazidas pela sua adoção.

Na situação examinada, como visto, a alteração legislativa, além de restringir desproporcionalmente direitos fundamentais assegurados pela Constituição Federal, caminhou na direção das penas privativas de liberdade como resposta direta aos crimes de lavagem de dinheiro praticados com a utilização de ativos virtuais. A razão é a nova redação do artigo 1º, §4º, da Lei nº 9.613/1998, que praticamente inviabilizou a incidência de hipóteses em que seja possível a substituição da pena privativa de liberdade por restritiva de direitos, bem como suprimiu integralmente a possibilidade de serem os agentes infratores contemplados com o benefício da celebração do acordo de não persecução penal. Vale mencionar que os demais benefícios processuais e pré-processuais, de natureza descarcerizadora, já não se mostravam passíveis de serem concedidos, tendo em vista a pena mínima cominada ao delito de lavagem, qual seja, três anos de reclusão.

Logo, a partir do momento em que adquire vigência a nova redação legal, passa-se efetivamente a transitar de respostas alternativas à prisão à privação de liberdade propriamente dita que, em alguns casos, pode consistir até mesmo no recolhimento do infrator ao cárcere. E não se está a fazer alusão a nenhuma situação que ocorre de maneira isolada, tendo se tornado prática comum o recrudescimento de penas como opção preferencial adotada pelo legislador, a fim de coibir situações novas que amedrontem a sociedade.

Entretanto, ao seguir essa linha de ação, criando e alterando leis com repercussões diretas não apenas na capacidade de administração do Estado, como também nos direitos fundamentais dos cidadãos, é possível identificar um grave problema que acomete o processo de produção de leis como um todo: a ausência de um estudo prévio de impacto legislativo.

No ordenamento jurídico brasileiro, o fenômeno observado é o de crescimento, cada vez mais vertiginoso, do número de leis, especialmente no campo penal, o que não é sinônimo de qualidade e eficiência da regulação promovida. "Com efeito, as normas nacionais voltadas à segurança pública não enfrentam com efetividade a estrutura do fenômeno criminal, agravando os problemas para os quais incialmente foram projetadas",[474] prestando-se somente a saciar os desejos de parcela da população.[475]

Grande parte das leis penais nascem a partir de reações da classe política a algum acontecimento com alto grau de repercussão midiática, sem que sejam precedidas de qualquer tipo de estudo prévio,[476] permitindo atestar a omissão do Estado quanto ao seu ônus de amparar-se em aspectos racionais e eficientes no momento do exercício de sua função típica de legislar, especialmente no campo da segurança pública.[477]

---

[474] Oliveira; Miotto, Fraga, 2021, p. 94.

[475] Sobre a produção legislativa em massa no campo penal, Sarmento e Borges destacam: "Os resultados tem sido os piores: ao mesmo tempo que a população carcerária cresce vertiginosamente, a violência e a criminalidade também estão em plena ascensão. Essa produção legislativa baseada no clamor social e na demanda por maior encarceramento tem se mostrado desastrosa" (Sarmento; Borges, 2019).

[476] Acerca do papel das mídias e da opinião pública, Diez Ripollés (2016, p. 40): "(...) deve-se destacar a frequência cada vez maior com que uma opinião pública favorável é capaz de desencadear por si só respostas legislativas penais. Desse modo, os grupos de pressão da mídia antecipam e substituem a intervenção dos grupos de especialistas *stricto sensu*. É cediço que a opinião pública é fruto de uma tarefa especializada, e que é realizada pelo que se poderia considerar um grupo de pressão, a mídia. No entanto, o nível de sua análise foi por muito tempo considerado incapaz de alcançar a profundidade necessária para satisfazer os requisitos da responsabilidade social inerentes a todo programa de ação. A modificação desse ponto de vista assinala um dos maiores êxitos no progressivo incremento da função social dos meios de comunicação, que passam a ser considerados especializados para todos os efeitos e com uma polivalência desconhecida nos grupos de pressão especializados propriamente ditos".

[477] Ao analisar concretamente alguns discursos proferidos no âmbito do Poder Legislativo quando da elaboração de leis em matéria de execução-penal, Carolina Costa Ferreira identificou a "(ir)racionalidade dos discursos punitivos, que aceleram a tramitação de projetos de lei ainda não suficientemente discutidos, apenas como resposta às mídias e às 'reivindicações da sociedade' por mais leis penais, sem a reflexão sobre suas consequências para o sistema de justiça criminal" (Ferreira, 2016, p. 101).

Sobre o tema, Sarmento e Borges destacam que, "com frequência, a elaboração das leis é empolgada por clima de *populismo penal*, que se caracteriza pela rejeição irracional a qualquer dado que contrarie suas premissas".[478]

Na mesma linha, Victor Nunes Leal há muito já advertia sobre o fenômeno de expansão das leis:

> As leis feitas de afogadilho, para atender a certas situações mais prementes, são as maiores responsáveis pela mutilação dos institutos jurídicos. Nelas, o legislador tem em vista um resultado imediato a atingir e não se dá ao trabalho de estudar as repercussões que tais alterações provocam no sistema jurídico em vigor.[479]

Assim, é certo que, "ao editar normas, formular ou implementar políticas públicas ou tomar decisões concretas, os poderes públicos devem considerar dados e informações extraídos do conhecimento científico e da experiência disponível. O Estado não pode ser indiferente aos efeitos práticos do seu comportamento para a sociedade".[480] Há que se realizar uma aferição realística da distância entre a norma sancionada e os efeitos concretos por ela produzidos, mais especificamente dos impactos de sua edição no sistema, este compreendido em seu grau máximo de abrangência.

No campo das finanças públicas, a solução dada foi pela imprescindibilidade de estudos de estimativas de impacto financeiro e orçamentário, que devem preceder a proposição legislativa que crie ou altere despesa obrigatória ou gere renúncia de receita.[481] E outra não foi a alternativa encontrada pela Lei de Liberdade Econômica, ao exigir do Estado uma análise de impacto regulatório quando da edição ou alteração de atos normativos, cujos efeitos ocasionem intervenções no mercado.[482]

---

[478] Sarmento; Borges, 2019.
[479] Leal, 1997, p. 24-25.
[480] Sarmento; Borges, 2019.
[481] "A proposição legislativa que crie ou altere despesa obrigatória ou renúncia de receita deverá ser acompanhada da estimativa do seu impacto orçamentário e financeiro" (Brasil, 2016a, art. 113).
[482] "Art. 5º. As propostas de edição e de alteração de atos normativos de interesse geral de agentes econômicos ou de usuários dos serviços prestados, editadas por órgão ou entidade da administração pública federal, incluídas as autarquias e as fundações públicas, serão precedidas da realização de análise de impacto regulatório, que conterá informações e dados

Dessa forma, o que se percebe é que, no campo econômico, o Poder Legislativo já demonstra sua preocupação com a elaboração de normas, especialmente com os efeitos concretos produzidos pelas alterações promovidas, daí porque a importância da prévia análise/estudo de impacto regulatório.

E se essa nova conformação na produção de leis já evidencia que deve haver prudência e racionalidade na edição de atos normativos no campo das finanças, verifica-se que razões até mesmo maiores subsistem para que os estudos/análises de impacto sejam observados também no âmbito do Direito Penal. A razão para isso é que, nesse ramo, está-se diante da produção de normas que não apenas alteram a organização do Estado, ao exigir novas modelagens na esfera da segurança pública, mas que promovem restrições a direitos fundamentais, principalmente à liberdade de locomoção. Diante desse quadro, inafastável a conclusão de que "as cautelas requeridas para a intervenção legislativa na economia não podem ser mais rigorosas do que aquelas exigidas para a intervenção legislativa em direitos existenciais, como a liberdade de ir e vir e a própria vida".[483]

Como visto, o Direito Penal atravessa um momento em que dados estatísticos, pesquisas criminológicas e quaisquer outros elementos racionais deixam de ser observados, atuando o legislador através do mecanismo de respostas imediatas à opinião pública, pautadas em meras intuições, mormente no campo da segurança pública. Está-se diante de um cenário que necessita ser rapidamente alterado, não sendo possível admitir que os princípios constitucionais da legalidade penal, da ampla defesa e da presunção da inocência sejam relativizados, ainda que em busca de oferecer segurança à sociedade.[484] Isso se justifica já que "a tutela da dignidade da pessoa humana impede qualquer pretensão de se punir alguém para além da medida da sua culpabilidade, mesmo que o excesso possa ter efeitos benéficos na prevenção de crimes".[485]

---

sobre os possíveis efeitos do ato normativo para verificar a razoabilidade do seu impacto econômico.
Parágrafo único. Regulamento disporá sobre a data de início da exigência de que trata o *caput* deste artigo e sobre o conteúdo, a metodologia da análise de impacto regulatório, os quesitos mínimos a serem objeto de exame, as hipóteses em que será obrigatória sua realização e as hipóteses em que poderá ser dispensada (Brasil, 2019b, cap. IV).

[483] Sarmento; Borges, 2019.
[484] Sarmento; Borges, 2019.
[485] Sarmento; Borges, 2019.

Objetivando a modificação desse cenário de irresponsabilidade na fabricação de leis no ambiente penal, Salo de Carvalho defendeu até mesmo proposta mais radical, consistente na criação de uma "lei de responsabilidade político-criminal", impondo exigências no sentido da prévia observância aos impactos carcerários trazidos pelos dispositivos penais.

Na visão do autor, em síntese, deveriam ser responsabilizadas criminalmente todas as autoridades públicas que desprezarem o estudo de impacto legislativo e aprovarem lei que proporcione aumentos significativos na população carcerária.[486]

No entanto, nesse ponto, entende-se que a alternativa é demasiadamente rígida, afigurando-se manifestamente desarrazoada e incompatível com o cenário de produção legislativa encontrado hoje no Brasil. Não obstante, além do mais, a presente obra não se propõe a examinar nenhum tipo de eventual responsabilização das autoridades, limitando-se somente a propor alternativa para superar a fabricação em massa de leis penais sem a devida apuração dos impactos concretos ocasionados aos direitos fundamentais. Trata-se da exigência de um estudo prévio de impacto regulatório como etapa antecedente e inafastável à elaboração e aprovação de normas na esfera da segurança pública.

Nas palavras de Patrícia Valente, essa Avaliação de Impacto Regulatório (AIR) consiste em "um procedimento ordenado de tomada de decisão no âmbito da atividade regulatória estatal. Baseia-se no uso sistemático de análises sobre os possíveis efeitos de uma determinada decisão regulatória por meio do qual é possível tornar a intervenção mais eficiente e propiciar uma regulação de melhor qualidade",[487] incorporando maior racionalidade ao procedimento regulatório, mormente

---

[486] Nas palavras de Salo de Carvalho (2008, p. 1): "Em termos macropolíticos, portanto, importante apontar para a exigência de Estudo Prévio de Impacto Político-Criminal nos projetos de lei que versem sobre matéria penal, mormente daqueles criminalizadores ou diversificadores. O Estudo Prévio de Impacto Político-Criminal não apenas vincularia o projeto à necessidade de investigação das conseqüências da nova lei no âmbito da administração da Justiça Criminal (esferas Judiciais e Executivas), mas exigiria exposição da dotação orçamentária para sua implementação. Assim, exemplificativamente, em casos de leis com proposta de criação de novos tipos penais ou aumento de penas, seria imprescindível para aprovação do projeto, a Exposição de Motivos que apresentasse o número estimado de novos processos criminais que seriam levados a julgamento pelo Judiciário, o número de novas vagas necessárias nos estabelecimentos penais, bem como o volume e a origem dos recursos para efetiva implementação da lei. Se a opção político-criminal dos Poderes Públicos é o aumento das penas e o recrudescimento das formas de execução, que esta escolha imponha deveres e implique responsabilidades".

[487] Valente, 2010, p. 29.

ao reafirmar os deveres estatais de responsabilidade e compromisso, essenciais no campo da elaboração normativa.

Por meio do procedimento, são analisados, sob uma perspectiva *ex ante*, os benefícios, impactos e custos trazidos pela alteração pretendida, de modo que se torna viável comparar, de forma mais abrangente e quantitativamente mais assertiva, se a nova regulação se afigura mais eficiente do que as opções já disponíveis no ordenamento. Assim procedendo, os benefícios ocasionados ao setor objeto da regulação passam a ser inegáveis, haja vista que a autoridade reguladora poderá tomar sua decisão amparada em fundamentos racionais, obtidos através de um estudo prévio e concreto sobre o tema.

Até mesmo em ocasiões nas quais a avaliação de impacto regulatório seja realizada sem o exame aprofundado de cálculos sobre custos e benefícios da medida, ainda assim poder-se-ia afirmar que seriam minorados os danos decorrentes da elaboração normativa. É que, como destacam Queiroz e Vieira, a simples aplicação de um estudo prévio de impacto já atrairia para o processo de criação de normas alguns elementos fundamentais à aferição da qualidade regulatória. Nesse sentido:

> O argumento central é que a AIR no Brasil, mesmo se adotada sem análises quantitativas sofisticadas de custos e benefícios, pode representar um avanço significativo no desenvolvimento das políticas públicas e da qualidade regulatória no país, por integrar três elementos hoje ausentes ou pouco explorados – e raramente presentes simultaneamente – nesses processos: 1) o uso sistemático e explícito de dados/informações empíricas na análise dos problemas e das alternativas de solução que reclamam a intervenção estatal (racionalidade técnica); 2) a consulta e o comprometimento efetivo dos stakeholders (participação social); 3) a comunicação dos fundamentos das decisões tomadas (transparência).[488]

Como já afirmado, se no âmbito das finanças públicas já existe a obrigatoriedade de realização de uma avaliação de impacto em momento anterior à fabricação de normas, com razão ainda maior deve se replicar o procedimento no campo penal, em que há restrição direta a direitos fundamentais. Nesse sentido, fazendo alusão aos impactos das leis penais no sistema carcerário, imperioso mencionar mais uma vez as lições trazidas por Sarmento e Borges, que enfatizam o dever do

---

[488] Queiroz; Vieira, 2012, p. 75.

Estado de promoção de estudos prévios à elaboração de normas, sendo ele já previsto no ordenamento jurídico brasileiro. Segundo os autores, o dever lastreia-se

> a) no princípio da deliberação suficiente, subjacente aos princípios democrático e republicano; (b) em interpretação sistemática do nosso ordenamento, que não se compadece com a exigência da avaliação de impacto regulatório para medidas que atinjam as liberdades econômicas, mas que não adote cautela similar em relação às normas que se projetam sobre direitos e bens jurídicos ainda mais importantes sob o ponto de vista constitucional, como a vida e a liberdade de locomoção.[489]

Sobre o elemento da deliberação suficiente, este restaria observado quando os atos normativos fossem acompanhados por justificativas públicas, que apresentassem informações fundamentadas sobre a abrangência da medida, os impactos esperados com a sua implementação e os seus custos.[490] Além disso, é igualmente imprescindível que ocorram discussões concretas e transparentes quando da votação das proposições legislativas, que, quando pautadas, já devem estar acompanhadas das justificações empíricas.

Acerca desse ponto, Ana Paula de Barcellos muito bem estabelece a realização de discussões fundamentadas como premissa para a eficácia do processo de elaboração das leis que versam sobre direitos fundamentais em nosso Estado Democrático de Direito, asseverando que "a democracia será fomentada uma vez que a edição de atos pelo poder público que afetem a vida das pessoas – quaisquer atos – sejam precedidos da apresentação de razões e informações, debate e deliberação".[491]

Já sobre a comparação entre a positivação da exigência de estudo de impacto regulatório no campo das finanças e a ausência de previsão normativa específica no campo penal, verifica-se que a interpretação mais adequada com a Constituição Federal é aquela que reconhece a necessidade de uma análise prévia de impacto nesse último ramo do Direito, uma vez que, além da importância adquirida pelo princípio da isonomia, é nele que ocorrem as restrições mais graves aos direitos fundamentais constitucionalmente assegurados.

---

[489] Sarmento, Borges, 2019.
[490] Barcellos, 2015.
[491] Barcellos, 2015, p. 67.

Portanto, no caso da elaboração e aprovação de normas no campo da política criminal e da segurança pública, afigura-se essencial a exigência prévia de análise de impacto regulatório. É essa a interpretação mais compatível com o comando constitucional, sendo certo que, ao criar tipos penais, majorar penas, alterar regras relativas à execução penal, bem como promover quaisquer alterações que demandem mudança de postura do Estado no âmbito da segurança pública, será necessária a indicação, prévia e empiricamente justificada, dos possíveis custos e impactos da medida.

Inclusive, na mensuração dos impactos e custos da medida no campo penal, haverão de ser levadas em consideração algumas consequências diretas possivelmente ocasionadas pela aprovação da norma, tais como o aumento da população carcerária, os custos sociais decorrentes desse fenômeno, assim como a estimativa de dispêndio de recursos financeiros oriundos dos cofres públicos, sejam eles simplesmente para arcar com os custos econômicos da privação de liberdade do infrator, sejam eles para arcar com a criação de novos estabelecimentos prisionais, colônias agrícolas, casas de albergado, entre outros estabelecimentos destinados ao cumprimento de pena.

É inegável que "normas editadas sem qualquer avaliação de impacto têm sido, na maior parte dos casos, absolutamente contraproducentes, pois não equacionam os problemas de segurança pública e de violência que visam a resolver, e muitas vezes os agravam".[492]

Além disso, ocasionam "efeitos colaterais nefastos e constitucionalmente inaceitáveis, como o aumento da superpopulação carcerária, com o consequente agravamento da situação indigna e dantesca das nossas prisões".[493]

Em vista disso, conclui-se que a Análise de Impacto Regulatório (AIR), uma vez instituída no processo legislativo direcionado aos campos da política criminal e da segurança pública, poderá gerar contribuições incalculáveis ao sistema criminal como um todo, permitindo com que os mesmos benefícios alcançados pela previsão do instituto no campo das finanças sejam transportados a esse ramo do Direito Público.

A adoção do instituto como requisito para a edição de normas nessa seara, para além de impor ao Estado maiores deveres de responsabilidade, tais como a observância de parâmetros racionais e

---

[492] Sarmento; Borges, 2019.
[493] Sarmento; Borges, 2019.

razoáveis, possibilitará a tutela mais efetiva dos direitos fundamentais assegurados pela Constituição Federal, especialmente a dignidade da pessoa humana, muitas vezes violado em razão da implementação de medidas populistas, marcadas pela ausência de critérios racionais, pouco debatidas e igualmente pouco efetivas.

CONCLUSÃO

Esta obra teve como objetivo principal analisar se a inclusão da figura dos ativos virtuais à causa de aumento de pena do artigo 1º, §4º, da Lei nº 9.613/1998, promovida pela Lei nº 14.478/2022, afigurou-se compatível com a Constituição Federal.

Em um primeiro momento, discorreu-se a respeito das criptomoedas, trazendo informações que compreendem todo o processo histórico de sua origem, para, então, destacar a mais relevante dessas novas tecnologias, o Bitcoin, responsável pelo maior volume de operações no mundo e também pela criação da maior parte das milhares de criptomoedas hoje existentes. Na ocasião, foi explicado todo o funcionamento do sistema Bitcoin, bem como da Blockchain, tecnologias essas que surgiram no mesmo momento.

Adiante, foi apresentado o contorno histórico do tipo penal de lavagem de dinheiro, bem como apresentados alguns elementos específicos do delito junto das respectivas discussões doutrinárias que os norteiam. Foram eles: bem jurídico tutelado pelo tipo penal, objeto material do tipo penal, etapas do delito e elementos subjetivo e objetivo do tipo penal. Ao final do capítulo, a partir das principais características do Bitcoin, quais sejam, a globalidade, a anonimidade, a volatilidade, a descentralização e o baixo custo, demonstrou-se o porquê de serem esses ativos tão atrativos para a prática do delito em referência, assim como de que modo se inserem em cada uma das fases do delito.

A importação de dados empíricos oriundos de pesquisas realizadas por empresas com alta credibilidade no mundo das criptomoedas também foi de extrema importância para a apresentação do tema, uma vez que permitiu a indicação do índice de utilização de criptomoedas no Brasil, bem como do índice de utilização de criptomoedas em atividades ilícitas, notadamente nos crimes de lavagem de dinheiro. Posteriormente, foi apresentado o trâmite completo da regulamentação legal dos criptoativos no Brasil, com enfoque para as medidas adotadas no campo penal, bem como o contexto em que se deu a criação dos dispositivos legais atinentes a essa matéria no campo penal. Aqui, verificou-se que o fenômeno contemporâneo da *sociedade de risco* e o novo direcionamento destinado à categoria dos bens jurídicos penais potencializam a criação de tipos penais e de causas de aumento de pena, sendo tal agravamento das punições concretamente observado com a chegada da Lei nº 14.478/2022, responsável pela regulamentação dos criptoativos no Brasil.

A partir da exposição desse cenário, foi possível introduzir uma visão constitucional ao tema, ocasião em que se realizou um controle de constitucionalidade da norma (causa de aumento de pena) insculpida no artigo 1º, §4º, da Lei nº 9.613/1998, adotando como metodologia de aferição o princípio da proporcionalidade, aqui englobadas as suas duas vertentes: proibição de excessos e vedação à proteção insuficiente.

Ao final, a partir da conclusão extraída, empregou-se a metodologia da interpretação conforme a Constituição para contornar a alternativa da declaração de inconstitucionalidade do dispositivo, de modo a encontrar uma solução intermediária que possibilitasse a manutenção da vigência do dispositivo e, ao mesmo tempo, que fosse compatível com o comando constitucional.

Além disso, foi debatida a necessidade de implementação de uma proposta de solução eficaz, destinada a evitar a ocorrência de situações semelhantes àquela em referência, representadas pela criação de tipos penais, causas de aumento de pena, ou quaisquer outras medidas com impacto no campo penal, que sejam distantes da realidade empírica e carentes de fundamentação racional. Como solução, foi proposta a implementação de um estudo prévio de impacto regulatório, capaz de avaliar a necessidade da medida com base em critérios racionais, bem como as consequências práticas de sua implementação, especialmente as econômicas.

De forma sintética, as conclusões gerais desta obra podem ser assim resumidas:

1) As criptomoedas surgem não apenas como alternativa para desprender os indivíduos das exigências centralizadoras

do Estado, mas também como resposta aos abusos por ele promovidos ao longo de toda a história.

2) De todas as criptomoedas, o Bitcoin é a que mais se destaca: essa espécie apresenta números surpreendentes nas mais diversas pesquisas (volume transacionado em operações criptomonetárias, percentual de utilização em relação às outras criptomoedas, equiparação com o dólar americano, número de carteiras ativas no mundo), motivo pelo qual pode-se afirmar que ocupam hoje papel de protagonismo nesse novo mercado.

3) As principais características dos Bitcoins são a descentralização, a globalidade e a anonimidade. Enquanto ativos descentralizados, independem do controle de uma autoridade central, não se demandando a atuação de um terceiro para validar as transações. Enquanto ativos globais, os Bitcoins podem ser operacionalizados por todo o mundo, de maneira quase instantânea, rompendo quaisquer barreiras geográficas.

4) Sobre a classificação enquanto ativos anônimos, o que gera maiores preocupações sob a perspectiva da criminalidade, nota-se que essa classificação não pode ser empregada em sentido literal, já que, em razão das próprias características da tecnologia Blockchain, não se pode falar, de modo algum, que os usuários do sistema estão protegidos por um sigilo absoluto.

5) Muito embora não sejam os usuários do sistema Bitcoin absolutamente anônimos, não se mostra tarefa fácil descobrir quem são eles e quais são os demais elementos envolvidos nas respectivas transações, razão pela qual são geradas fortes preocupações às autoridades estatais.

6) Sob a ótica da lavagem de capitais, os Bitcoins surgem como verdadeira alternativa aos agentes criminosos para se desvencilhar das amarras proporcionadas por um Estado detentor de um poder de intervenção cada vez maior e com mecanismos de investigação cada vez mais aprimorados.

7) Muitas discussões remanescem acerca do bem jurídico tutelado pela lavagem, sendo a tutela da ordem econômica e da administração da Justiça as correntes mais aceitas. Neste estudo, acredita-se que o bem jurídico é a ordem econômica,

estando a importância de sua tutela diretamente ligada à necessidade de manutenção do funcionamento, equilibrado e ordenado, de determinada economia de mercado, preservando-se a livre concorrência.

8) Considerando a intenção do legislador ao dispor acerca do objeto material do delito de lavagem, percebe-se que os Bitcoins plenamente se amoldam a essa categoria jurídica.

9) Muito embora as características dos Bitcoins possam proporcionar algumas situações isoladas que contribuam para a identificação dos agentes criminosos, tem-se que, em sua maioria, aludidas características efetivamente dificultam a solução dos crimes praticados com a sua utilização, incentivando a ocorrência dessas atividades.

10) Não obstante a existência de inúmeras circunstâncias que favoreçam a prática da lavagem de dinheiro com o emprego de Bitcoins, pesquisas empreendidas por empresas de relevo no âmbito do mercado criptomonetário apontaram que, de todas as transações que envolveram criptomoedas, o percentual de operações ligadas à prática do mencionado crime se mostrou muito baixo, o que também ocorreu com o percentual representativo dos valores criptomonetários lavados, quando em comparação com os valores em moeda fiduciária maculados através de métodos tradicionais.

11) Objetivando fornecer maior segurança jurídica aos operadores e provedores de serviço do mercado de criptomoedas, a Lei nº 14.478/2022 se preocupou bastante com temas de ordem regulatória, contudo, trouxe também contribuições ao campo penal, dispondo sobre a repressão aos crimes praticados no contexto das operações criptomonetárias.

12) Dentre as criações legislativas promovidas na esfera penal, destaca-se a criação da causa de aumento de pena relativa às atividades de lavagem de dinheiro praticadas por intermédio de ativos virtuais. A nova redação do artigo 1º, §4º, da Lei nº 9.613/1998, passou a dispor que "a pena será aumentada de 1/3 (um terço) a 2/3 (dois terços) se os crimes definidos nesta Lei forem cometidos de forma reiterada, por intermédio de organização criminosa ou por meio da utilização de ativo virtual".

13) Aludida criação legislativa é reflexo do contexto de expansionismo do Direito Penal, marcado pelo enrijecimento da postura do poder público na criação de normas e sanções, restando evidente a adoção, pelo Estado, da seguinte linha de entendimento: revela-se necessária uma regulamentação cada vez mais rigorosa das atividades modernas que ocasionam dificuldades de acompanhamento pelos órgãos de controle.

14) O fenômeno do expansionismo penal também promoveu alteração significativa na categoria dos bens jurídicos: muito embora a orientação tradicional direcionasse a categoria dos bens jurídicos penais à condição de fiéis limitadores do poder do Estado no exercício de seu *jus puniendi*, o contexto hodierno modificou essa percepção, servindo os bens jurídicos como legitimadores de uma intervenção penal cada vez mais rigorosa, sendo comumente empregados para a criação de tipos penais e para o endurecimento de penas.

15) A tutela penal de bens jurídicos deve ser realizada na sua exata dimensão constitucional, sendo a Constituição concebida como base legitimadora da criação de leis penais e, ao mesmo tempo, como fonte de limitação da criação dessas leis.

16) O conceito e o papel assumido pelos bens jurídicos é o ponto de partida para a aplicação dos princípios constitucionais na verificação da atuação do legislador penal, especialmente o da proporcionalidade, sendo tal princípio, no caso concreto, concebido como método destinado a promover o seguinte controle de constitucionalidade em abstrato: verificar, sob uma perspectiva *ex ante*, se a formulação da causa de aumento de pena disposta no artigo 1º, §4º, da Lei nº 9.613/1998, é compatível com os ditames da Constituição Brasileira.

17) O princípio da proporcionalidade deve ser entendido como mecanismo destinado a atingir o equilíbrio entre os fins e os meios no Direito Penal, atuando como parâmetro de controle das leis penais, incumbindo a ele, simultaneamente, o papel de equilibrar a garantia dos direitos fundamentais de todos os cidadãos com aqueles exclusivos daqueles que são acusados de violar direitos de terceiros.

18) As razões para a utilização do princípio da proporcionalidade consistem nos benefícios proporcionados pelo seu manejo na efetivação do controle de constitucionalidade das leis penais. São elas: i) o *status* constitucional da proporcionalidade permite que seja concebida como parâmetro de controle de legitimidade dos atos legislativos; ii) o juízo de proporcionalidade é visto como metodologia dominante na jurisprudência estrangeira para a verificação da legitimidade constitucional das restrições de direitos fundamentais; iii) esse mesmo juízo serve de elo entre a doutrina penal e a constitucional, reduzindo as suas distâncias; iv) há uma forte tendência de aceitação de sua aplicação por parte do STF; v) possibilidade de o juízo de proporcionalidade, em melhores condições, reintroduzir o conceito de bem jurídico no controle de constitucionalidade das leis penais.

19) A proporcionalidade necessita ser enxergada em sua dupla face/função: consiste, de um lado, na proibição do excesso, que se volta contra o Estado, protegendo o cidadão em sua liberdade. Do outro, na proibição da insuficiência, que atua na dimensão objetiva dos direitos fundamentais, exigindo a concreta atuação do poder público destinada à proteção necessária dos direitos fundamentais dos indivíduos.

20) Através da valoração dos subprincípios da proporcionalidade (adequação, necessidade e proporcionalidade em sentido estrito), a obra se propôs a analisar se há razoabilidade nas consequências concretas atribuídas aos sujeitos afetados pela medida restritiva criada (art. 1º, §4º, da Lei nº 9.613/1998), especificamente no que tange às criptomoedas.

21) Antes de proceder ao controle de constitucionalidade, partiu-se de algumas premissas: i) o controle de constitucionalidade pelo Judiciário não substitui a tarefa do legislador, prestando-se somente a apurar juridicamente eventual excesso de poder legislativo em situações que se tem de apreciar se as finalidades da Constituição foram observadas; ii) o grau de interferência das normas penais na esfera de liberdade dos indivíduos justifica a adoção de um controle rigoroso de constitucionalidade das leis penais pelo Judiciário, de maneira que deve tal controle ser ainda mais reforçado ao se tratar de criminalizações sujeitas a aplicação

de penas privativas de liberdade, especialmente naquelas hipóteses em que não se mostra possível a substituição por penas alternativas; iii) as causas de aumento de pena precisam ter referibilidade, isto é, precisam estar ancoradas em uma modalidade de agressão do bem jurídico que seguramente seja mais grave do que as formas ordinárias.

22) Adotou-se o método descrito por Robert Alexy, que ocorre em etapas: na primeira, analisou-se a adequação do dispositivo legal; na segunda, examinou-se a necessidade da medida restritiva veiculada pela norma; na terceira, estudou-se a proporcionalidade em sentido estrito, aferindo-a diante do caso concreto. A observância à ordem das etapas foi fundamental, sendo que o exame de cada um dos subprincípios só foi realizado em virtude de terem sido devidamente preenchidos os requisitos impostos pela etapa anterior.

23) Ao final da análise, muito embora tenha sido verificado que a medida restritiva (causa de aumento de pena) revela-se adequada e necessária, constatou-se que ela não se afigura proporcional em sentido estrito, seja por estar fundamentada em entendimento distante e contrário aos dados estatísticos obtidos por meio de pesquisas especializadas, seja por criar consequências desarrazoadas, que caminham na direção da aplicação imediata de penas privativas de liberdade, e que não se pautaram em uma métrica adequada, equiparando, para fins de aplicação de pena, situações cujo grau de reprovabilidade é demasiadamente distinto.

24) As vantagens obtidas com a alteração do artigo 1º, §4º, da Lei nº 9.613/1998 são absolutamente menores do que as desvantagens promovidas por ela, de modo que o legislador acabou por restringir desproporcionalmente direitos fundamentais assegurados pela Constituição Federal. A norma examinada revela-se inconstitucional!

25) Tendo em vista que a postura comumente assumida pelo Poder Judiciário brasileiro é de deferência ao legislador, isto é, de autocontenção no que se refere ao exame da legitimidade da política criminal, alternativa mais eficaz e adequada ao estado da arte é a aplicação, à norma examinada, da metodologia da interpretação conforme à Constituição, que já vem sendo empregada pelo STF em algumas situações.

26) Referido método consiste em uma solução intermediária que, reconhecendo a inconstitucionalidade da norma impugnada, resguarde na maior medida possível os efeitos por ela produzidos, mantendo-a vigente no ordenamento jurídico, contudo, apontando um sentido interpretativo diferente da literalidade do dispositivo, que seja compatível com a Constituição.

27) Ao final da análise, foi proposto a aplicação da interpretação conforme ao dispositivo em referência, para determinar que, nos crimes lavagem de dinheiro, "a pena será aumentada de 1/3 (um terço) a 2/3 (dois terços) se os crimes definidos nesta lei forem cometidos por meio da utilização de ativo virtual, desde que o emprego de tais ativos, na situação concreta examinada, tenha efetivamente dificultado a atuação das autoridades responsáveis pela persecução penal, isto é, tenha afrontado o bem jurídico de maneira mais intensa ou, ao menos, exposto este bem a um risco de lesão maior do que as formas tradicionais".

28) Aludida solução permite que o STF reinterprete a norma à luz do valor constitucional atribuído aos bens jurídicos penais, fazendo com que a decisão de política criminal tomada pelo legislador, não obstante seu baixo grau de racionalidade, tenha reduzido o seu campo de incidência, devendo alcançar somente as hipóteses em que haja lesão efetiva ou, ao menos, potencial concreto de violação ao bem jurídico, desde que mais intenso do que as formas delitivas usuais.

29) A criação da causa de aumento de pena[494] muito bem elucida os contornos da atuação assumida pelo legislador brasileiro na modernidade: visa o legislador combater a sensação de impunidade e recuperar a credibilidade do Estado perante a sociedade, adotando medidas penais destinadas a atender às imediatas demandas de parte expressiva da população, sem considerar as consequências reais trazidas pela sua adoção.

30) A vigência do dispositivo examinado gera, como consequência, a transição de respostas alternativas à prisão à privação de liberdade propriamente dita que, em alguns casos, pode consistir até mesmo no recolhimento do infrator ao cárcere.

---

[494] Brasil, 1998a, art. 1º, §4º.

31) No entanto, ao criar e alterar leis com repercussões diretas não apenas na capacidade de administração do Estado, como também nos direitos fundamentais dos cidadãos, identifica-se um grave problema que acomete o processo de produção de leis como um todo: a ausência de um estudo prévio de impacto legislativo.

32) Portanto, como contribuição adicional, este livro propõe que, tal como já realizado no campo das finanças públicas, exija-se previamente, quando da elaboração e aprovação de normas no campo da política criminal e da segurança pública, a realização de análises de impacto regulatório, que permitirão que sejam suficientemente debatidas algumas consequências diretas possivelmente ocasionadas pela aprovação da norma, tais como o aumento da população carcerária, os custos sociais decorrentes desse fenômeno, assim como a estimativa de dispêndio de recursos financeiros oriundos dos cofres públicos (ex: criação de novos estabelecimentos prisionais, colônias agrícolas, casas de albergado etc.).

REFERÊNCIAS

ABOUT FDD's. *CEFP*, [*S. l.*], [2023]. Disponível em: https://www.fdd.org/projects/center-on-economic-and-financial-power/. Acesso em: 17 jul. 2023.

AGUADO, Javier Alberto Zaragoza; CAPARRÓS, Eduardo Fabián; CORDERO, Isidoro Blanco. *Combate del lavado de activos desde el sistema judicial*. 3. ed. Washington, D.C.: OEA; CICAD, 2006.

ALBUQUERQUE, Bruno Saboia de; CALLADO, Marcelo de Castro. Understanding Bitcoins: Facts and Questions. *Revista Brasileira de Economia*, Rio de Janeiro, v. 69, n. 1, p. 3-16, jan./mar. 2015.

ALEXY, Robert. *Teoria dos direitos fundamentais*. São Paulo: Malheiros, 2015.

ALMEIDA, Gabriel Bertin de; GONZAGA, Alessandra Peres dos Santos. A teoria da cegueira deliberada e o crime de lavagem de dinheiro no Brasil. *Revista de Direito Penal Econômico e Compliance*, São Paulo, n. 3, p. 151-173, 2022.

ANDRADE, José Carlos. *Os direitos fundamentais na Constituição portuguesa de 1976*. 2. ed. Coimbra: Almedina, 2001.

ANTE, Lennart. *Cryptocurrency, Blockchain and Crime*. The Money Laundering Market: Regulating The Criminal Economy. Newcastle: Agenda Publishing, 2018.

AQUINO, Sara de Assis. *A interpretação conforme a Constituição de leis penais pelo Supremo Tribunal Federal*. 2023. Dissertação (Mestrado em Direito) – Faculdade de Direito, Universidade de Brasília, 2023.

ARAÚJO, Emmily Teixeira de; FIGUEIREDO, Thiago Pereira; VIANA, Marcel Maia. Bem jurídico penal e proporcionalidade. *Revista de Doutrina Jurídica*, Brasília, DF, v. 113, p. 1-16, 2022.

ASSIS, Amanda Paparoto. Criptomoedas e Direito Penal Econômico: uma análise à luz do crime de lavagem de dinheiro. *Revista de Direito Penal Econômico e Compliance*, São Paulo, n. 3, p. 65-82, 2020.

AVELAR, Michael Procopio; CAVALCANTE, Sofia Barroso. A regulação de criptoativos e o combate à lavagem de dinheiro nos Estados Unidos da América. *In*: BOTTINI, Pierpaolo Cruz; CAMPANA, Felipe Longobardi; Brecht, Marina (coord.). *Criptoativos e lavagem de dinheiro*: um panorama nacional e internacional. São Paulo: Quartier Latin, 2023.

ÁVILA, Humberto. *Teoria dos princípios*: da definição à aplicação dos princípios jurídicos. 5. ed. São Paulo: Malheiros, 2006.

ÁVILA, Thiago André Pierobom de. *Provas ilícitas e proporcionalidade*: uma análise da colisão entre os princípios da proteção penal eficiente e da inadmissibilidade das provas obtidas por meios ilícitos. 2006. Dissertação (Mestrado em Direito) – Faculdade de Direito, Universidade de Brasília, Brasília, DF, 2006.

AZEVEDO, David Teixeira de. *Dosimetria da pena*: causas de aumento e diminuição. São Paulo: Malheiros, 2002.

BADARÓ, Gustavo Henrique; BOTTINI, Pierpaolo Cruz. *Lavagem de dinheiro*: aspectos penais e processuais penais; comentários à Lei 9.613/1998, com alterações da Lei 12.683/2012. 4. ed., rev., atual. e ampl. São Paulo: Revista dos Tribunais, 2019.

BALDAN, Édson Luís. *Fundamentos do Direito Penal Econômico*. Curitiba: Juruá, 2012.

BALLARDIN, Daniele Soldatelli. *Criptoativos e Lavagem de capitais*: o que não querem que você saiba. Rio de Janeiro: Lumen Juris, 2022.

BARCELLOS, Ana Paula de. *Os direitos fundamentais e o direito à justificativa*: devido procedimento na elaboração normativa. 2015. Tese (Concurso Professor Titular) – Faculdade de Direito, Universidade Federal do Rio de Janeiro, Rio de Janeiro, 2015.

BARROSO, Luís Roberto. *Interpretação e aplicação da Constituição*: fundamentos de uma dogmática constitucional transformadora. 7. ed. São Paulo: Saraiva, 2009.

BASTOS, Celso Ribeiro. *Hermenêutica e interpretação constitucional*. 2. ed. São Paulo: Instituto Brasileiro de Direito Constitucional, 1999.

BECHARA, Ana Elisa Liberatore Silva. O rendimento da teoria do bem jurídico no Direito Penal atual. *Revista Liberdades*, São Paulo, n. 1, p. 1-29, maio/ago. 2009.

BECK, Ulrich; GIDDENS, Anthony; LASH, Scott. *Modernização reflexiva*: política, tradição e estética na ordem social moderna. São Paulo: Unesp, 1997.

BECK, Ulrich. *Sociedade de risco*: rumo a uma outra modernidade. 2. ed. São Paulo: Editora 34, 2011.

BITCOIN atingiu a paridade com o dólar há 11 anos. *Bitcoinethereumnews.com*, [S. l.], [2022]. Disponível em: https://pt.bitcoinethereumnews.com/bitcoin/bitcoin-reached-dollar-parity-11-years-ago/. Acesso em: 20 fev. 2022.

BONFIM, Ricardo. Lavagem de Dinheiro com criptomoedas cresce 68% em 2022, diz Chainalysis. *Econômico Valor*, [S. l.], 30 jan. 2023. Disponível em: https://valor.globo.com/financas/criptomoedas/noticia/2023/01/30/lavagem-de-dinheiro-com-criptomoedas-cresce-68percent-em-2022-diz-chainalysis.ghtml. Acesso em: 17 ago. 2023.

BOTTINI, Pierpaolo Cruz. Ativos digitais e lavagem de dinheiro – Parte 1. *Conjur*, [S. l.], 9 maio 2022. Disponível em: https://www.conjur.com.br/2022-mai-09/direito-defesa-ativos-digitais-lavagem-dinheiro-parte. Acesso em: 17 ago. 2023.

BOTTINI, Pierpaolo Cruz. *Crimes de perigo abstrato*: uma análise das novas técnicas de tipificação no contexto da sociedade de risco. 4. ed. rev. e atual. São Paulo: Revista dos Tribunais, 2019.

BOTTINI, Pierpaolo Cruz; COPOLA, Marina; CARVALHO, Licio. Apresentação: os desafios dos ativos digitais para o mundo jurídico. In: BOTTINI, Pierpaolo Cruz; CAMPANA, Felipe Longobardi; BRECHT, Marina (coord.). *Criptoativos e lavagem de dinheiro*: um panorama nacional e internacional. São Paulo: Quartier Latin, 2023.

BOZZA, Fábio da Silva. *Bem jurídico e proibição de excesso como limites à expansão penal*. 2014. Tese (Doutorado em Direito) – Universidade Federal do Paraná, Curitiba, 2014.

BRANCO, Paulo Gustavo Gonet; MENDES, Gilmar Ferreira. *Curso de Direito Constitucional*. 12. ed. rev. e atual. São Paulo: Saraiva, 2017.

BRASIL. [Constituição (1988)]. *Constituição da República Federativa do Brasil de 1988*. Brasília, DF: Presidência da República, 1988. Disponível em: http://www.planalto.gov.br/ccivil_03/constituicao/constituicaocompilado.htm. Acesso em: 1 abr. 2023.

BRASIL. Câmara Dos deputados. Projeto de Lei nº 440, de 2021. Brasília, DF: Câmara dos Deputados, 2021a. Disponível em: https://www.camara.leg.br/proposicoesWeb/prop_mostrarintegra?codteor=2228406&filename=Tramitacao-PL%204401/2021%20(Nº%20Anterior:%20PL%202303/2015). Acesso em: 25 dez. 2022.

BRASIL. Câmara dos Deputados. Projeto de Lei nº 2.060, de 2019. Brasília, DF: Câmara dos Deputados, 2019a. Disponível em: https://www.camara.leg.br/proposicoesWeb/fichadetramitacao?idProposicao=2196875. Acesso em: 15 out. 2022.

BRASIL. Câmara dos Deputados. Projeto de Lei nº 2.234, de 2021. Brasília, DF: Câmara dos Deputados, 2021b. Disponível em: https://www.camara.leg.br/proposicoesWeb/prop_mostrarintegra?codteor=2030268&filename=PL+2234/2021. Acesso em: 1 abr. 2023.

BRASIL. Câmara dos Deputados. Projeto de Lei 2.303, de 8 de julho de 2015. Brasília, DF: Câmara dos Deputados, 2015a. Disponível em: https://www.camara.leg.br/proposicoesWeb/fichadetramitacao?idProposicao=1555470. Acesso em: 7 set. 2022.

BRASIL. Câmara dos deputados. Projeto de Lei nº 4.401, de 2021. Brasília, DF: Câmara dos Deputados, 2021c. Disponível em: https://www.camara.leg.br/proposicoesWeb/fichadetramitacao?idProposicao=1555470. Acesso em: 15 out. 2022.

BRASIL. Decreto-Lei nº 2.848, de 7 de dezembro de 1940. Código Penal. *Diário Oficial da União*: Brasília, DF, 1940. Disponível em: https://www.planalto.gov.br/ccivil_03/decreto-lei/del2848compilado.htm. Acesso em: 17 ago. 2023.

BRASIL. Decreto-Lei nº 3.689, de 3 de outubro de 1941. Código de Processo Penal. *Diário Oficial da União*: Brasília, DF, 1941. Disponível em: https://www.planalto.gov.br/ccivil_03/decreto-lei/del3689.htm. Acesso em: 17 ago. 2023.

BRASIL. Emenda Constitucional nº 95, de 15 de dezembro de 2016. Altera o Ato das Disposições Constitucionais Transitórias, para instituir o Novo Regime Fiscal, e dá outras providências. *Diário Oficial da União*: Brasília, DF, 2016a. Disponível em: https://www.planalto.gov.br/ccivil_03/constituicao/emendas/emc/emc95.htm. Acesso em: 17 ago. 2023.

BRASIL. Lei nº 9.455. Define os crimes de tortura e dá outras providências. *Diário Oficial da União*: Brasília, DF, 1997. Disponível em: https://www.planalto.gov.br/ccivil_03/leis/l9455.htm. Acesso em: 17 ago. 2023.

BRASIL. Lei nº 9.613, de 3 de março de 1998. Dispõe sobre os crimes de "lavagem" ou ocultação de bens, direitos e valores; a prevenção da utilização do sistema financeiro para os ilícitos previstos nesta Lei; cria o Conselho de Controle de Atividades Financeiras - COAF, e dá outras providências. *Diário Oficial da União*: Brasília, DF, 1998a. Disponível em: https://www.planalto.gov.br/ccivil_03/leis/l9613.htm. Acesso em: 17 ago. 2023.

BRASIL. Lei nº 9.714, de 25 de novembro de 1998. Altera dispositivos do Decreto-Lei no 2.848, de 7 de dezembro de 1940 - Código Penal. *Diário Oficial da União*: Brasília, DF, 1998b. Disponível em: https://www.planalto.gov.br/ccivil_03/leis/l9714.htm. Acesso em: 17 ago. 2023.

BRASIL. Lei nº 12.850, de 2 de agosto de 2013. Define organização criminosa e dispõe sobre a investigação criminal (...). *Diário Oficial da União*: Brasília, DF, 2013a. Disponível em: https://www.planalto.gov.br/ccivil_03/_ato2011-2014/2013/lei/l12850.htm. Acesso em: 17 ago. 2023.

BRASIL. Lei nº 13.874/2019, de 20 de setembro de 2019. Institui a Declaração de Direitos de Liberdade Econômica; estabelece garantias de livre mercado; altera as Leis nos 10.406, de 10 de janeiro de 2002 (Código Civil) (...). *Diário Oficial da União*: Brasília, DF, 2019b. Disponível em: https://www.planalto.gov.br/ccivil_03/_ato2019-2022/2019/lei/l13874.htm. Acesso em: 17 ago. 2023.

BRASIL. Lei nº 14.478, de 21 de dezembro de 2022. Dispõe sobre diretrizes a serem observadas na prestação de serviços de ativos virtuais e na regulamentação das prestadoras de serviços de ativos virtuais; altera o Decreto-Lei nº 2.848, de 7 de dezembro de 1940 (...). *Diário Oficial da União*: Brasília, DF, 2022a. Disponível em: https://www.planalto.gov.br/ccivil_03/_ato2019-2022/2022/lei/l14478.htm. Acesso em: 17 ago. 2023.

BRASIL. Senado Federal. Projeto de Lei nº 3.825, de 2019. Brasília, DF: Senado Federal, 2019c. Disponível em: https://www25.senado.leg.br/web/atividade/materias/-/materia/137512. Acesso em: 15 out. 2022.

BRASIL. Senado Federal. Projeto de Lei nº 3.949, de 2019. Brasília, DF: Senado Federal, 2019d. Disponível em: https://www25.senado.leg.br/web/atividade/materias/-/materia/137644. Acesso em: 15 out. 2022.

BRASIL. Senado Federal. Projeto de Lei nº 4.401, de 2021. Brasília, DF: Senado Federal, 2021d. Disponível em: https://www25.senado.leg.br/web/atividade/materias/-/materia/151264. Acesso em: 15 out. 2022.

BRASIL. Supremo Tribunal Federal (Plenário). Ação Direta de Inconstitucionalidade 1.531. Relator: Min. Marco Aurélio de Mello, 7 de dezembro de 2006. *Dje*: Brasília, DF, 2006a.

BRASIL. Supremo Tribunal Federal (Plenário). Ação Direta de Inconstitucionalidade 3.427. Relator: Min. Marco Aurélio de Mello, 15 de outubro de 2020. *Dje*: Brasília, DF, 2020.

BRASIL. Supremo Tribunal Federal (Plenário). Ação Direta de Inconstitucionalidade 4.109. Relatora: Min.ª Cármen Lúcia, 14 de fevereiro de 2022. *Dje*: Brasília, DF, 2022b.

BRASIL. Supremo Tribunal Federal. Ação Direta de Inconstitucionalidade 2.240/BA. Relator: Min. Eros Grau, 9 de maio de 2007. *Dje*: Brasília, DF, 2007.

BRASIL. Supremo Tribunal Federal (Corte Especial). Ação Penal 922/DF. Relatora: Min. Min.ª Nancy Andrighi, 5 de junho de 2019. *Dje*: Brasília, DF, 2019e.

BRASIL. Supremo Tribunal Federal. Conflito de Competência 161.123/SP. Relator: Min. Sebastião Reis Júnior, 28 de novembro de 2018. *Dje*: Brasília, DF, 2018.

BRASIL. Supremo Tribunal Federal (Plenário). Medida Cautelar na Ação Direita de Inconstitucionalidade 5.795. Relatora: Min.ª Rosa Weber, 22 de agosto de 2022. *Dje*: Brasília, DF, 2022c.

BRASIL. Supremo Tribunal Federal (Plenário). Recurso Extraordinário 418.376. Relator: Min. Marco Aurélio, 9 de fevereiro de 2006. *Dje*: Brasília, DF, 2006b.

BRASIL. Supremo Tribunal Federal (Plenário). Recurso Extraordinário 583.523. Relator: Min. Gilmar Mendes, 3 de outubro de 2013. *Dje*: Brasília, DF, 2013b.

BRASIL. Supremo Tribunal Federal (Plenário). Recurso Extraordinário 635.639/SP. Relator: Min. Gilmar Ferreira Mendes, 20 de agosto de 2015. *Dje*: Brasília, DF, 2015b.

BRASIL. Supremo Tribunal Federal (Plenário). Recurso Extraordinário 641.320. Relator: Min. Gilmar Mendes, plenário, 11 de maio de 2016. *Dje*: Brasília, DF, 2016b.

BRASIL. Supremo Tribunal Federal (Plenário). Recurso Extraordinário 979.962/RS, Relator: Min. Luís Roberto Barroso, 24 de março de 2021. *Dje*: Brasília, DF, 2021e.

BRASIL. Supremo Tribunal Federal (1. Turma). Recurso em Habeas Corpus 80.816-6/SP. Relator: Min. Sepúlveda Pertence, 18 de junho de 2001. *Dje*: Brasília, DF, 2001.

BRASIL. Supremo Tribunal Federal. Representação de Inconstitucionalidade 1.417/DF. Relator: Min. Moreira Alves, 2 de agosto de 1999. *Dje*: Brasília, DF, 1999.

BRASIL tem 3 milhões de investidores em criptomoedas. *Monitor Mercantil*, [S. l.], 25 jun. 2021f. Disponível em: https://monitormercantil.com.br/brasil-tem-3-milhoes-de-investidores-em-criptomoedas/. Acesso em: 20 fev. 2022.

BRECHT, Marina; SILVA, Fernanda. A regulação de criptoativos e o combate à lavagem de dinheiro na Itália. *In*: BOTTINI, Pierpaolo Cruz; CAMPANA, Felipe Longobardi; BRECHT, Marina (coord.). *Criptoativos e lavagem de dinheiro*: um panorama nacional e internacional. São Paulo: Quartier Latin, 2023.

BRICOLA, Franco. *Scritti di Diritto Penale*. Milán: Giuffrrè, 1997. 4 v.

BUDÓ, Marília de Nardin; FALAVIGNO, Chiavelli Facenda. A tutela penal do meio ambiente: discussões criminológicas e dogmáticas. *Revista Brasileira de Ciências Criminais*, São Paulo, v. 163, jan. 2020.

BUENO, Thiago Augusto. *Bitcoin e crimes de lavagem de dinheiro*. Campo Grande: Contemplar, 2020.

CAEIRO, Pedro. A Decisão-Quadro do Conselho, de 26 de junho de 2001, e a relação entre a punição do branqueamento e o facto precedente: necessidade e oportunidade de uma reforma legislativa. *In*: ANDRADE, Manuel da Costa *et al.* (org.). *Liber Discipulorum para Jorge de Figueiredo Dias*. Coimbra: Coimbra Editora, 2003.

CAEIRO, Pedro. Contra uma política criminal "à flor da pele": a autonomia do branqueamento punível em face do branqueamento proibido: *In*: MACHETE, Pedro; RIBEIRO, Gonçalo de Almeida; CANTOILHO, Mariana (org.). *Estudos de Homenagem ao Prof. Doutor Manuel da Costa Andrade*. Coimbra: Imprensa da Universidade de Coimbra, 2018. p. 267-301. v. 1.

CALIXTO, Sidney Rodrigues; SICHEL, Ricardo Luiz. Criptomoedas: impactos na economia global. Perspectivas. *Revista de Direito da Cidade*, Rio de Janeiro, v. 10, n. 3, p. 1622-1641, jul. 2018.

CALLEGARI, André Luís. *Direito Penal Econômico e lavagem de dinheiro*. Aspectos criminológicos. Porto Alegre: Livraria do Advogado, 2003.

CALLEGARI, André Luís; LINHARES, Raul Marques. *Lavagem de dinheiro*: (com a jurisprudência do STF e do STJ). Rio de Janeiro: Marcial Pons, 2022.

CALLEGARI, André Luís; PACELLI, Eugênio. *Manual de Direito Penal*: parte geral. 3. ed. São Paulo, Atlas, 2017.

CALLEGARI, André Luís; WEBER, Ariel. Lavagem de dinheiro, ordem cronológica de infrações e peculato: excerto de parecer acerca da possibilidade de imputação penal. *In*: BORGES, Ademar; BOTTINI, Pierpaolo Cruz. *Lavagem de dinheiro*: pareceres jurídicos: jurisprudência selecionada e comentada. São Paulo: Revista dos Tribunais, 2021.

CAMPANA, Felipe Longobardi; SERRA, Joyce; RIBEIRO, Bárbara. Operando com criptomoedas: meras transações com bitcoins podem configurar ato típico de ocultação ou de dissimulação do delito de lavagem de dinheiro? *In*: BOTTINI, Pierpaolo Cruz; CAMPANA, Felipe Longobardi; Brecht, Marina (coord.). *Criptoativos e lavagem de dinheiro*: um panorama nacional e internacional. São Paulo: Quartier Latin, 2023. p. 167-195.

CAMPOS, Emília Malgueiro. *Criptomoedas e Blockchain*: o Direito no mundo digital. Rio de Janeiro: Lumen Juris, 2020.

CAMPOS, Gabriela Isa Rosendo Vieira. Bitcoin: consequências jurídicas do desenvolvimento da moeda virtual. *Revista Brasileira de Direito*, São Paulo, v. 11, n. 2, p. 77-84, jul./dez. 2015.

CANOTILHO, José Joaquim Gomes. *Constituição dirigente e vinculação do legislador*: contributo para a compreensão das normas constitucionais pragmáticas. Coimbra: Coimbra Editora, 1994.

CANOTILHO, José Joaquim Gomes. *Direito Constitucional e teoria da Constituição*. 2. ed. Coimbra: Almedina, 1998.

CARDOSO, Fernando Navarro. Criptomonedas (en especial, bitcóin) y blaqueo de dinero. *Revista Electrónica de Ciencia Penal y Tecnologia*, Granada, p. 21-14, 2019.

CARLI, Carla Veríssimo de. *Lavagem de dinheiro*: ideologia da criminalização e análise do discurso. Porto Alegre: Verbo jurídico, 2012.

CARVALHO, Felipe; CRUVINEL, Renan. Regras Impostas aos procedimentos de KYC dos provedores de serviços de criptoativos: estudo das novas regulações dos Estados Unidos da América e da União Europeia. *In*: BOTTINI, Pierpaolo Cruz; CAMPANA, Felipe Longobardi; Brecht, Marina (coord.). *Criptoativos e lavagem de dinheiro*: um panorama nacional e internacional. São Paulo: Quartier Latin, 2023.

CARVALHO, Salo de. Em defesa da lei de responsabilidade político-criminal. *Boletim do IBCCrim*, São Paulo, n. 193, p. 1-3, 2008.

CERVINI, Raul; OLIVEIRA, William Terra de; GOMES, Luiz Flávio. *Lei de lavagem de Capitais*. São Paulo: RT, 1998.

CHAINALYSIS. *The 2021 Geography of Cryptocurrency Report*: Analysis of Geographic Trends in Criptocurrency. Adoption and Usage. New York: Chainalysis, 2021.

CHAINALYSIS. *The 2022 Crypto Crime Report*: Original Data and Research into Cryptocurrency-Based Crime. New York: Chainalysis, 2022.

CHAINALYSIS. *The 2023 Crypto Crime Report*: Everything you Need to Know about Cryptocurrency-Based Crime. New York: Chainalysis, 2023.

COMO o Bitcoin funciona? *Bitcoin.org*, [*S. l.*], [2022]. Disponível em: https://bitcoin.org/pt_BR/faq#o-que-e-bitcoin. Acesso em: 19 fev. 2022.

CORDERO, Isidoro Blanco. *El delito de blanqueo de capitales*. 3. ed. Pamplona: Aranzadi, 2012.

CORDERO, Isidoro Blanco. *El delito de blanqueo de capitales*. 4. ed. Cizur Menor: Thomson Reuters Arazandi, 2015.

CORREA, Alessandro. *O que é uma rede P2P?*, [*S. l.*], [2022]. Disponível em: https://ls.com.vc/educacao/artigo/o-que-e-uma-rede-p2p. Acesso em: 20 mar. 2022.

COSTA, Jorge Gustavo Serra de Macêdo; ASSUNÇÃO, João Victor. *A lei de lavagem de capitais segundo a jurisprudência dos tribunais superiores*. Rio de Janeiro: Lumen Juris, 2023.

COSTENARO CAVALI, Marcelo. *Fundamento e limites da repressão penal da manipulação do mercado de capitais*: uma análise a partir do bem jurídico da capacidade funcional alocativa do mercado. 2017. Tese (Doutorado em Direito Penal) – Universidade de São Paulo, São Paulo.

DAI, Wei. *B-money*, [*S. l.*], 1998. Disponível em: http://www.weidai.com/bmoney.txt. Acesso em: 29 jan. 2022.

DIETER, Maurício Stegemann. A função simbólica da pena no Brasil: breve crítica à função geral positiva da pena criminal em Jakobs. *Revista da Faculdade de Direito UFPR*, Curitiba, v. 43, 2005.

DIEZ RIPOLLÉS, José Luís. *A racionalidade das leis penais*: teoria e prática. 2. ed. rev., atual. e ampl. Tradução: Luís Régis Prado. São Paulo: Editora Revista dos Tribunais, 2016.

ESTELLITA, Heloísa. Bitcoin e lavagem de dinheiro: uma aproximação. *Jota*, [*S. l.*], 7 out. 2019. Disponível em: https://www.jota.info/opiniao-e-analise/colunas/penal-em-foco/bitcoin-e-lavagem-de-dinheiro-uma-aproximacao-07102019. Acesso em: 17 ago. 2023.

ESTELLITA, Heloísa. Criptomoedas e lavagem de dinheiro. Resenha de: GRZYWOTZ, Johanna. *Virtuelle Kryptowährungen and Geldwäsche*, Berlim: Duncker & Humblot, 2019. *Revista Direito GV*, São Paulo, v. 16, n. 1, jan./abr. 2020.

EUROPEAN CENTRAL BANK. *Virtual Currency Schemes*. [S. l.]: European Central Bank, Oct. 2012. Disponível em: https://www.ecb.europa.eu/pub/pdf/other/virtualcurrencyschemes201210en.pdf. Acesso em: 7 set. 2022.

EUROPEAN CENTRAL BANK. *Virtual Currency Schemes*: A Further Alnaysis. [S. l.]: European Central Bank, 2015. Disponível em: https://www.ecb.europa.eu/pub/pdf/other/virtualcurrencyschemesen.pdf. Acesso em: 7 set. 2022.

FABIÁN CAPARRÓS, Eduardo. *El delito de blanqueo de capitales*. Madrid: Colex, 1998.

FABIÁN CAPARRÓS, Eduardo. Internacionalización del Lavado de Activos e Internacionalización de la Respuesta. *In*: BLANCO CORDERO, Isidoro et. al. (ed). *Combate al lavado de activos desde el sistema judicial*. 5. ed. Washington: OEA, 2018.

FANUSIE, Yaya J.; ROBINSON, Tom. *Bitcoin Laundering*: An analysis of Illicit Flows into Digital Currency Services. London: Elliptic, 2018.

FELDENS, Luciano. A conformação constitucional do Direito Penal. *In*: WUNDERLICH, Alexandre; SCHMIDT, Andrei Zenkner (coord.). *Política criminal contemporânea*: criminologia, Direito Penal e Direito Processual Penal. Homenagem do Departamento de Direito Penal e Processo Penal pelos 60 anos da Faculdade de Direito da PUCRS. Porto Alegre: Livraria do Advogado Editora, 2008.

FELDENS, Luciano. *Direitos fundamentais e Direito Penal*: garantismo, deveres de proteção, princípio da proporcionalidade, jurisprudência constitucional penal, jurisprudência dos tribunais de direitos humanos. Porto Alegre: Livraria do Advogado Editora, 2008.

FELDENS, Luciano. *Tutela penal de interesses difusos e crimes do colarinho branco*: por uma relegitimação da atuação do ministério público. Uma investigação à luz dos valores constitucionais. Porto Alegre: Livraria do Advogado Editora, 2002.

FELICIANO, Yuri Rangel Sales. Bitcoin e o Trilema Penal Econômico: a (im)prescindibilidade de uma regulação internacional. *Revista de Direito Penal Econômico e* Compliance, São Paulo, n. 2, p. 155-185, 2020.

FERRAZ JÚNIOR, Tércio Sampaio. *A ciência do Direito*. 2. ed. São Paulo: Atlas, 2009.

FERREIRA, Carolina Costa. *O estudo de impacto legislativo como estratégia de enfrentamento a discursos punitivos na execução penal*. 2016. Tese (Doutorado em Direito). Universidade de Brasília, Brasília, DF, 2016.

FILIPPETTO, Rogério. *Lavagem de dinheiro*: crime econômico da pós-modernidade. Rio de Janeiro: Lumen Juris, 2011.

HONORATO, Saori. Lavagem de dinheiro com criptomoedas dispara em 2022, aponta estudo. *Uol*, [S. l.], 28 jan. 2023. Disponível em: https://portaldobitcoin.uol.com.br/lavagem-de-dinheiro-com-criptomoedas-dispara-em-2022-aponta-estudo/. Acesso em: 17 ago. 2023.

GHIRARDI, Maria do Carmo Garcez. *Criptomoedas*: aspectos jurídicos. São Paulo: Almedina, 2020.

GLASSNODE STUDIO. *Bitcoin*: Number of Active Addresses. 31-12-2008- 31-03-2024, [*S. l.*]], [2022]. Disponível em: https://studio.glassnode.com/metrics?a=BTC&category =Addresses&m=addresses.ActiveCount&resolution=1month. Acesso em: 20 fev. 2022.

GOMES, Luiz Flávio; MOLINA, Antônio García Pablos de; BIANCHINI, Alice. *Direito Penal*: introdução e princípios fundamentais. São Paulo: Revista dos Tribunais, 2007.

GOMES, Mariângela Gama de Magalhães. *Teoria geral da parte especial do Direito Penal*. São Paulo: Atlas, 2014.

GÓMEZ INIESTA, Diego J. *El delito de blanqueo de capitales en el Derecho Español*. Barcelona: Cedecs, 1996.

GUIMARÃES, Rejaine Silva; MACHADO, Linia Dayana Lopes. Direito Penal no contexto da sociedade de risco: um desafio da pós-modernidade. *Revista de Direito Penal, Processo Penal e Constituição*, Brasília, DF, v. 3, n. 1, p. 1-16, 2017.

GUIMARÃES, Rodrigo Portella. Lavagem de capitais por meio de criptoativos: analisando as recomendações do GAFI. *In*: BOTTINI, Pierpaolo Cruz; CAMPANA, Felipe Longobardi; Brecht, Marina (coord.). *Criptoativos e lavagem de dinheiro*: um panorama nacional e internacional. São Paulo: Quartier Latin, 2023.

GUZELLA, Tathiana Laiz. A expansão do Direito Penal e a sociedade de risco. *In*: CONGRESSO NACIONAL DO CONPEDI, 17., 2008, Brasília, DF. *Anais* (...). Brasília, DF: CONPENDI, 2008. p. 3070-3092.

HORTA, Frederico; TEIXEIRA, Adriano. Da autolavagem de capitais como ato posterior copenado: elementos para uma tese prematuramente rejeitada no Brasil. *Revista de Estudos Criminais*, São Paulo, n.74, ano 18, p. 7-49, 2019.

ICO – O que é e como funciona? *Foxbit*, [*S. l.*], 14 jan. 2020. Disponível em: https://foxbit.com.br/blog/ico-o-que-e-como-funciona/. Acesso em: 10 jul. 2022.

ISHIDA, Válter Kenji. *Bem jurídico penal moderno*. 2. ed., rev., ampl. e atual. São Paulo: Juspodivm, 2021.

LAGO, Natasha do; ROSSI, Luísa de Barros. As respostas penais na regulação de criptoativos. *In*: BOTTINI, Pierpaolo Cruz; CAMPANA, Felipe Longobardi; Brecht, Marina (coord.). *Criptoativos e lavagem de dinheiro*: um panorama nacional e internacional. São Paulo: Quartier Latin, 2023, p.119-136.

LAURENTIS, Lucas Catib de. *A proporcionalidade no Direito Constitucional*: origem, modelos e reconstrução dogmática. 2015. Tese (Doutorado em Direito) – Faculdade de Direito, Universidade de São Paulo, São Paulo, 2015.

LAVA Jato no Rio identifica pela 1ª vez lavagem de dinheiro com bitcoins. *Uol Notícias*, [*S. l.*], 13 mar. 2018. Disponível em: https://noticias.uol.com.br/politica/ultimas-noticias/2018/03/13/lava-jato-no-rio-identifica-pela-1-vez-lavagem-de-dinheiro-com-bitcoins.htm. Acesso em: 15 abr. 2022.

LEAL, Victor Nunes. Técnica legislativa. *In*: LEAL, Victor Nunes. *Problemas de Direito Público e outros problemas*. Brasília, DF: Ministério da Justiça, 1997. p. 7-32.

LEITE, Alaor. Tomada ou devolução de mútuo como lavagem de dinheiro? *In*: BORGES, Ademar; BOTTINI, Pierpaolo Cruz. *Lavagem de dinheiro*: pareceres jurídicos: jurisprudência selecionada e comentada. São Paulo: Revista dos Tribunais, 2021.

LONGO, Laeyla. *Revista Econômico Valor*, Rio de Janeiro, 18 out. 2023. Disponível em: https://valor.globo.com/financas/criptomoedas/noticia/2023/10/18/hamas-recebeu-mais-de-us-40-milhoes-em-criptomoedas-entenda-como-o-terrorismo-se-financia-com-moedas-digitais.ghtml. Acesso em: 30 out. 2023.

LUHMANN, Niklas. *El Derecho de la sociedad*. México: Universidad Iberoamericana, 2002.

MACEDO, Fabrício Meira. O princípio da proibição da insuficiência no Supremo Tribunal Federal. *Revista do Instituto do Direito Brasileiro*, Lisboa, n. 9, p. 7029-7072, 2014.

MACEDO, Juliana de Souza. Ordem econômica: análise do bem jurídico tutelado pelo Direito Penal Econômico. *Revista da Procuradoria-Geral do Banco Central*, Brasília, DF, v. 7, n. 2, p. 74-92, dez. 2013.

MALAR, João Pedro. Lavagem de Dinheiro com criptomoedas cresce 68% em 2022, levanta apontamento. *Exame*, [*S. l.*], [2023]. Disponível em: https://exame.com/future-of-money/lavagem-de-dinheiro-com-criptomoedas-cresceu-68-em-2022-aponta-levantamento/. Acesso em: 30 out. 2023.

MANCINI, Cláudia. Chainalysis, empresa de análise de dados de crimes com criptomoedas, se torna unicórnio. *BlockNews*, [*S. l.*], 24 nov. 2020. Disponível em: https://www.blocknews.com.br/corporativo/chainalysis-de-analise-de-dados-de-crimes-com-criptomoedas-se-torna-unicornio/. Acesso em: 26 jun. 2023.

MARCOCHI, Marcelo Amaral Colpaert. Posse de celular em presídio – Lei n. 11.466/2007. *In*: TOLEDO, Armando (coord). *Direito Penal*: reinterpretação à luz da Constituição; questões polêmicas. Rio de Janeiro: Elsevier, 2009.

MARINONI, Luiz Guilherme; MITIDIERO, Daniel; SARLET, Ingo Wolfgang. *Curso de Direito Constitucional*. São Paulo: Revista dos Tribunais, 2012.

MARTINS, Leonardo. *Cinquenta anos de jurisprudência do Tribunal Constitucional Federal Alemão*. Montevideo: Fundação: Konrad-Adenauer-Stiftung E.V., 2006.

MARTINS, Leonardo. Proporcionalidade como critério do controle de constitucionalidade: problemas de sua recepção pelo Direito e jurisdição constitucional brasileiros. *Revista da AJURIS*, Porto Alegre, n. 101, mar. 2006.

MARTINS, Marco Antônio. MPF denuncia 'Faraó dos Bitcoins', sua mulher, e outras três pessoas por lavagem de dinheiro e organização criminosa. *G1*, Rio de Janeiro, 4 out. 2022. Disponível em: https://g1.globo.com/rj/rio-de-janeiro/noticia/2022/10/04/mpf-denuncia-glaidson-sua-mulher-e-outras-tres-pessoas-lavagem-de-dinheiro-e-organizacao-criminosa.ghtml. Acesso em: 15 jul. 2023.

MENDES, Gilmar Ferreira. *Controle de constitucionalidade*: aspectos jurídicos e políticos. São Paulo: Saraiva, 1990.

MENDONÇA, Lawrence Lino Monteiro de. Lavagem de dinheiro e criptomoedas: a utilização de serviços de off-ramping. *Conjur*, [S. l.], 6 mar. 2023. Disponível em: https://www.conjur.com.br/2023-mar-06/lawrence-lino-lavagem-dinheiro-criptomoedas-off-ramping. Acesso em: 15 jul. 2023.

MENDRONI, Marcelo Batlouni. *Crime de lavagem de dinheiro*. 4. ed., rev., atual. e ampl. São Paulo: Atlas, 2018.

MESSARI. *Bitcoin in the grand scheme of things*, [S. l.], 17 Jul. 2019. Disponível em: https://messari.io/. Acesso em: 17 jul. 2023.

MONTENEGRO, Guilherme Augusto de Oliveira. As criptomoedas e a investigação policial: desafios e soluções. *Revista Brasileira de Ciências Policiais*, Brasília, DF, v. 11, n. 3, p. 183-230, set./dez.2020.

MORAES, Felipe Américo. *Bitcoin e lavagem de dinheiro*: quando uma transação configura crime. São Paulo: Tirant lo Blanch, 2022.

NAKAMOTO, Satoshi. *Bitcoin*: A peer-to-Peer Eletronic Cash System. *Bitcoin.org*, [S. l.], [2022]. Disponível em: www.bitcoin.org/bitcoin.pdf. Acesso em: 5 fev. 2022.

NEVES, Antônio Castanheira. *Metodologia jurídica*: problemas fundamentais. Coimbra: Coimbra Editora, 1993.

NO BRASIL, 1,4 milhão investem em criptomoedas. *Jornal do Comércio*, [S. l.], 11 fev. 2018. Disponível em: https://www.jornaldocomercio.com/_conteudo/2018/02/economia/611098-no-brasil-1-4-milhao-investem-em-criptomoedas.html. Acesso em: 20 fev. 2022.

NUCCI, Guilherme de Souza. *Individualização da pena*. 7. ed., rev., atual. e ampl. Rio de Janeiro: Forense, 2015.

NUNES, Walter. *A elite na cadeia*: o dia a dia dos presos da Lava Jato. Rio de Janeiro: Objetiva, 2019.

OLIVEIRA JÚNIOR, Gonçalo Farias de. *Ordem econômica e Direito Penal Antitruste*. Curitiba: Juruá, 2008.

OLIVEIRA, Bruno Bastos de; MIOTTO, Marcos Vinícius de Jesus; FRAGA, Felipe Villas Bôas. Análise de Impacto Regulatório e busca pela eficiência na produção de leis em sentido estrito. Constituição, Academia e Desenvolvimento. *Revista da Academia Brasileira de Direito Constitucional*, Curitiba, 2021, v.13, n. 25, p. 82-110, ago./dez. 2021.

OVERTURE, Benjamin. 7 criptomoedas que vieram antes do Bitcoin. *Portal do Bitcoin*, [S. l.], 17 dez. 2017. Disponível em: https://portaldobitcoin.uol.com.br/7-criptomoedas-que-vieram-antes-do-bitcoin/. Acesso em: 29 jan. 2022.

PAZ, André Vinícius Oliveira da; PAGLIUSO, Roberto Garcia Lopes. Aspectos Criminais da Lei 14.478/2022: criptoativos e Direito Penal Econômico. *Boletim IBCCRIM*, São Paulo, v. 31, n. 365, p. 27-30, 2023.

PEDROSO, Fernando Gentil Gizzi de Almeida. O surgimento das sociedades de risco e sua íntima relação com o Direito Penal Liberal. *Revista da Associação Mineira de Direito e Economia (AMDE)*, Belo Horizonte, v. 17, p. 91-111, 2017.

PÉREZ LÓPEZ, Xesús. Las criptomonedas: consideraciones generales y empleo de las criptomonedas como instrumento de blanqueo de capitales en la Unión Europea y en España. *Revista de Derecho Penal y Criminologia*, Madrid, n. 18, p. 141-187, jul. 2017.

POZZI, Sandro. Bolha imobiliária: dez anos do gatilho da crise que parou o mundo. *El País*, Nova Iorque, 7 ago. 2017. Disponível em: https://brasil.elpais.com/brasil/2017/08/05/economia/1501927439_342599.html. Acesso em: 5 fev. 2022.

PRADO, Luiz Régis. *Direito Penal Econômico*. 8. ed. Rio de Janeiro: Forense, 2019.

PUIGVERT, Mariano. Mixers: el servicio para lavar Bitcoins. *Criptonoticias*, [S. l.], 13 mar. 2016. Disponível em: https://www.criptonoticias.com/negocios/mixers-el-servicio-para-lavar-bitcoins/#axzz4xkOjNwzn. Acesso em: 10 jul. 2022.

QUEIROZ, Helder; VIEIRA, Luciana. Qualidade regulatória, avaliação de impacto regulatório e os desafios da regulação setorial no Brasil. *In*: PROENÇA, Jadir Dias; PAULO, Carla Beatriz de (org.). *Experiências exitosas em regulação na América Latina e Caribe*. Brasília: Alia Opera, 2012.

RAWLS, John. *O liberalismo político*. 2. ed. Tradução: Dinah. de Abreu Azevedo. São Paulo: Editora Ática, 2000.

REBOUÇAS JÚNIOR, Aureliano. *O controle de constitucionalidade das leis penais sob o enfoque da proporcionalidade em suas vertentes da proibição do excesso e proibição da proteção deficiente*. 2019. Dissertação (Mestrado em Direito) – Universidade de Lisboa, Lisboa, 2019.

RODRIGUES, Carlos Alexandre; TEIXEIRA, Tarcísio. *Blockchain e criptomoedas: aspectos jurídicos*. 2. ed. rev. e atual. Salvador: Juspodivm, 2021.

SÁNCHEZ, Jesús-Maria Silva. *A expansão do Direito Penal*. Aspectos da política criminal nas sociedades pós-industriais. São Paulo: Editora Revista dos Tribunais, 2002.

SANCTIS, Fausto Martins de. *Lavagem de dinheiro por meio de obras de arte*: uma perspectiva judicial criminal. Belo Horizonte: Del Rey, 2015.

SANTOS, Juarez Cirino dos. *Teoria da pena*: fundamentos políticos e aplicação judicial. Curitiba: ICPC/Lumen Júris, 2005.

SANTOS, Manuela Bitar Lélis dos. *Bem jurídico penal e proporcionalidade*: uma análise crítica da pena em abstrato. 2010. Dissertação (Mestrado em Direito) – Faculdade de Direito, Universidade Federal do Pará, Belém, 2010.

SCAFF, Artur. Denúncia envolve mineradores com lavagem bilionária de dinheiro em cripto. *Estadão E-Investidor*, [S. l.], 15 jun. 2023. Disponível em: https://einvestidor.estadao.com.br/criptomoedas/golpe-criptomoedas-mineracao-lavagem-de-dinheiro/. Acesso em: 7 abr. 2023.

SARLET, Ingo Wolfgang. Constituição e proporcionalidade: o direito penal e os direitos fundamentais entre a proibição de excesso e de insuficiência. *Revista da AJURIS*, Porto Alegre, n. 98, 2005.

SARLET, Ingo Wolfgang. Constituição, proporcionalidade e direitos fundamentais: o Direito Penal entre proibição de excesso e de insuficiência. *Revista Opinião Jurídica*, Fortaleza, v. 4, n. 7, p. 160-209, 2006.

SARMENTO, Daniel; BORGES Ademar. Avaliação de Impacto Regulatório, normas penais e segurança pública. *Jota*, [S. l.], 21 jul. 2019. Disponível em: https://www.jota.info/opiniao-e- analise/artigos/avaliacao-de-impacto-regulatorio-normas-penais-e-seguranca-publica- 21072019. Acesso em: 7 abr. 2023.

SARMENTO, Daniel; SOUZA NETO, Cláudio Pereira de. *Direito Constitucional*: teoria, história e métodos de trabalho. Belo Horizonte: Fórum, 2012.

SAVINO, Felipe Gardelino. Lavagem de dinheiro e Bitcoin: a idoneidade da moeda digital como meio para a prática delituosa. *Revista da Faculdade de Direito da Universidade de São Paulo*, São Paulo, v. 115, jan./dez. 2020.

SCALCON, Raquel Lima. *Controle de constitucionalidade de leis penais*: da prognose legislativa sobre os efeitos potenciais e concretos da lei penal aos deveres de seu monitoramento e de melhoria da lei penal. Rio de Janeiro: Lumen Juris, 2018.

SÉRVIO, Gabriel. Lavagem de dinheiro movimentou quase R$47 bi em criptomoedas, diz pesquisa. *Olhar Digital*, [S. l.], 26 jan. 2022. Disponível em: https://olhardigital.com.br/2022/01/26/pro/lavagem-dinheiro-criptomoedas/. Acesso em: 7 abr. 2023.

SILVA, Eduardo Sanz de Oliveira. Direito Penal Preventivo e os crimes de perigo: uma apreciação dos critérios de prevenção enquanto antecipação do agir penal no Direito. *In*: FARIA, José de (org.). *Temas de Direito Penal Econômico*. Coimbra: Coimbra Editora, 2005. p. 251-283.

SILVA, Felipe Rangel da; TEIXEIRA, Rodrigo Valente Giublin. Bitcoin e a (im)possibilidade de sua proibição: uma violação à soberania do Estado? *Revista Brasileira de Políticas Públicas*, Brasília, DF, v. 7, n. 3, p. 107-120, dez. 2017.

SILVEIRA, Renato Jorge de Mello. *Bitcoin e suas fronteiras penais*: em busca do marco penal das criptomoedas. Belo Horizonte: Editora D' Plácido, 2018.

SILVEIRA, Renato de Mello Jorge; CAMARGO, Beatriz Corrêa. Ocultar o oculto: apontamentos sobre a lavagem de dinheiro em tempos de criptomoedas. *Revista Brasileira de Ciências Criminais*, São Paulo, v. 175, n. 29, p. 145-187, jan. 2021.

SILVEIRA, Renato Jorge de Mello. Criptocrime: Considerações penais econômicas sobre criptomoedas e criptoativos. *Revista de Direito Penal Econômico e Compliance*, São Paulo, v. 1, jan./mar. 2020.

SILVA, Virgílio Afonso da. Interpretação conforme a Constituição: entre a trivialidade e a centralização judicial. *Revista Direito GV*, São Paulo, v. 2, n. 1, p. 191-210, jan./jun. 2006.

SOUSA FILHO, Ademar Borges de. *O controle de constitucionalidade de leis penais no Brasil*: graus de deferência ao legislador, parâmetros materiais e técnicas de decisão. Belo Horizonte: Fórum, 2019.

SOUSA FILHO, Ademar Borges de. Os influxos do Direito estrangeiro no aperfeiçoamento da jurisdição constitucional brasileira no campo do Direito Penal sob a ótica da contribuição do Ministro Gilmar Mendes. *Revista Brasileira de Estudos Constitucionais*, Belo Horizonte, ano 16, n. 50, p. 15-34, jul./dez. 2022.

STRECK, Maria Luiza Schafer. *Direito Penal Constituição*: a face oculta da proteção dos direitos fundamentais. Porto Alegre: Livraria do Advogado, 2009.

TAVARES, Juarez; MARTINS, Antônio. *Lavagem de capitais*: fundamentos e controvérsias. São Paulo: Tirant lo Blanch, 2020.

TELLES, Christiana Mariani da Silva. *Bitcoin, lavagem de capitais e regulação*. Curitiba: Juruá, 2020.

TOLEDO, Francisco de Assis. *Princípios básicos do Direito Penal*. 5. ed. São Paulo: Saraiva, 2015.

TUCKER, Jeffrey. Prefácio. *In*: ULRICH, Fernando. *Bitcoin*: a moeda na era digital. São Paulo: Instituto Ludwig Von Mises Brasil, 2014.

ULRICH, Fernando. *Bitcoin*: a moeda na era digital. São Paulo: Instituto Ludwig Von Mises Brasil, 2014.

VALENTE, Patrícia Rodrigues Pêssoa. *Avaliação de Impacto Regulatório*: uma ferramenta à disposição do Estado. 2010. 218 f. Dissertação (Mestrado em Direto) – Faculdade de Direito, Universidade de São Paulo, São Paulo, 2010.

VALOR de um Bitcoin supera R$366,4 mil e alcança nova máxima histórica. *O Tempo*, Belo Horizonte, 20 out. 2021. Disponível em: https://www.otempo.com.br/economia/valor-de-um-bitcoin-supera-r-366-4-mil-e-alcanca-nova-maxima-historica-1.2558404. Acesso em: 20 fev. 2022.

VIANA, Wladston. O que é Bitcoin? Um guia para os curiosos e futuros investidores. *In*: VÁRIOS AUTORES. *Bússola do Investidor*. [S. l.], [2022]. Disponível em: https://www.bussoladoinvestidor.com.br/o-que-e-bitcoin-guia-para-investidores/. Acesso em: 5 mar. 2022.

WHAT We Do. *Financial Crimes Enforcement Network*, [S. l.], [2023]. Disponível em: https://www.fincen.gov/what-we-do. Acesso em: 12 ago. 2023.

Esta obra foi composta em fonte Palatino Linotype, corpo 10
e impressa em papel Offset 75g (miolo) e Supremo 250g (capa)
pela Gráfica Star 7.